FRANÇOIS-XAVIER BELLAMY

# ESPÉRER

BERNARD GRASSET
PARIS

Photo de la bande : © JB Delerue

ISBN 978-2-246-82097-0

# *Préface*

« Que m'est-il permis d'espérer ? »

Le temps est à la grande inquiétude. Où que le regard se tourne, tout semble n'être aujourd'hui qu'intranquillité, instabilité, incertitude du lendemain. La crise est partout : dans les institutions chargées pourtant d'incarner la continuité des États ; dans les liens qui font une société, et dont la résistance devait permettre de ne pas affronter seuls les turbulences de l'histoire ; dans la culture qui rendait le monde familier – et même dans la nature qui le rendait vivable, et habitable par l'homme. Plus rien de tout cela ne semble garanti pour toujours. Il semble qu'à tous points de vue, pour reprendre le mot de Nietzsche, « le désert croît ». Cette grande inquiétude traverse en particulier le monde occidental, où l'avenir n'est plus d'abord le lieu d'une promesse, mais d'un danger. Que l'on regarde son pays ou la planète comme risquant de disparaître, ou les deux, il est difficile de ne pas se sentir étreint par une angoisse existentielle. Bien des jeunes, en particulier, se sentent écrasés par cette inquiétude de l'avenir, au moment où la vie devrait s'ouvrir devant eux. C'est dans un tel moment qu'il faut, plus que jamais, s'interroger sur la possibilité d'une espérance.

Cette question ne saurait relever seulement d'une dimension religieuse, comme on le voudrait parfois. Il n'appartient pas qu'aux croyants de chercher à espérer, et de définir ce qui peut raisonnablement faire l'objet de cette espérance. C'est même l'une des grandes missions de la philosophie, si l'on en croit Emmanuel Kant, qui à sa manière en définit le programme dans la *Critique de la raison pure* :

> « *Tout intérêt de ma raison (spéculatif aussi bien que pratique) est contenu dans ces trois questions :*
> 1. *Que puis-je savoir ?*
> 2. *Que dois-je faire ?*
> 3. *Que m'est-il permis d'espérer ?* »

À chaque fois que notre raison tente de connaître et de comprendre, nous dit Kant, elle cherche en fait une réponse à l'une de ces trois questions. Directement ou indirectement, tout l'effort de notre pensée finit par s'y rapporter. La première est purement théorique – c'est le problème du savoir et de ses limites. La seconde est purement pratique : elle oriente notre action dans le monde. La troisième, la question de l'espérance, mêle ces deux dimensions. Elle suppose de déchiffrer l'histoire qui se fait sous nos yeux, autant que notre propre histoire : elle est donc affaire de savoir ; mais de là, en déterminant la possibilité ou non d'un espoir, c'est notre manière de vivre et d'agir que nous pourrons infléchir. Une telle question n'est pas sans conséquences sur notre existence concrète.

### Espérance et optimisme

C'est d'ailleurs ce qui distingue la question de l'espérance du parti pris de l'optimisme. Il arrive souvent que les deux termes soient confondus ; rien pourtant n'est plus opposé, au point que ces deux attitudes existentielles sont en fait incompatibles l'une avec l'autre. Dans un article de 1942, publié plus tard dans les *Essais et écrits de combat*, Georges Bernanos dénonçait cette confusion :

> *« Je sais bien qu'il y a parmi vous des gens de très bonne foi, qui confondent l'espoir et l'optimisme. L'optimisme est un ersatz de l'espérance, dont la propagande officielle se réserve le monopole. Il approuve tout, il subit tout, il croit tout, c'est par excellence la vertu du contribuable. Lorsque le fisc l'a dépouillé même de sa chemise, le contribuable optimiste s'abonne à une revue nudiste et déclare qu'il se promène ainsi par hygiène, qu'il ne s'est jamais mieux porté. »*

Dans la nuit de la Seconde Guerre mondiale, Bernanos veut rappeler combien l'optimisme est une facilité, qui consiste à préférer ne pas regarder la réalité en face, surtout quand elle se refuse à confirmer le parti pris que, quoi qu'il arrive, tout finira par s'arranger. Le pessimisme n'est pas plus honnête, qui cherche seulement à se convaincre que de toute façon, tout finira par s'effondrer… Ce sont là deux faces d'un même manque de sérieux, de responsabilité, de loyauté intellectuelle, deux formes finalement proches d'un même déni de réalité.

> *« Le pessimiste et l'optimiste s'accordent à ne pas voir les choses telles qu'elles sont. L'optimiste est un imbécile heureux. Le pessimiste est un imbécile malheureux. »*

La différence principale entre les deux, c'est qu'il est rare que le pessimiste revendique comme une vertu sa désolation résignée. L'optimiste au contraire aime revendiquer son attitude existentielle comme une vertu, une manière positive d'aborder la vie. Mais il serait désastreux de confondre l'espoir, et le courage qu'il peut susciter, avec l'optimisme, qui sert mieux qu'aucun autre prétexte à justifier l'inaction. Préjuger par principe que l'histoire finira bien, c'est le meilleur moyen de se mettre à distance des épreuves du présent. L'optimisme est une couverture confortable pour légitimer la passivité, et tranquilliser notre indifférence à la réalité du mal, de la violence, du danger. « Neuf fois sur dix, écrit Bernanos, l'optimisme est une forme sournoise de l'égoïsme, une manière de se désolidariser du malheur d'autrui. »

Mais comment peut-on regarder ce malheur en face sans en tirer autre chose qu'un constat amer ? Si l'optimisme est une inconséquence, il pourrait sembler que, devant la réalité de la souffrance, en appeler à l'espoir soit une provocation scandaleuse. Peut-on décemment attendre de ceux qui subissent les turbulences de l'histoire qu'ils continuent d'espérer ? Et pour en revenir à la grande inquiétude qui marque notre temps, peut-on considérer lucidement l'ampleur de la crise que nous traversons sans céder au désespoir ? Quand tout ce à quoi nous tenons semble se défaire sous nos yeux, espérer encore ne relève-t-il pas du déni de réalité ? Pour répondre à cette question, il faut définir plus précisément ce que signifie un tel choix. Car l'espérance est bien un choix, et comme tel, elle engage notre liberté. Elle n'a rien d'une évidence, au contraire ; elle suppose d'aller au-delà de toutes les apparences. Et c'est paradoxalement lorsqu'elle a le moins de raison pour se fonder, qu'elle trouve l'occasion de s'exprimer pleinement.

### L'analogie du pardon

Pour le comprendre, prenons le détour d'une analogie : si l'espérance est tournée vers l'avenir, le pardon, lui, regarde le passé. Il entretient pourtant avec elle une similitude frappante, qui commence par cette absence apparente de fondement : le pardon ne peut advenir vraiment que lorsqu'il n'a pas de raison pour cela. Si en effet il y a de bonnes raisons pour qu'un mal ait eu lieu, il n'est pas nécessaire, ni même possible d'une certaine manière, qu'intervienne le choix du pardon. Après que sa réflexion a déjà cheminé sur ce sujet, Jankélévitch le démontre clairement, dans *Le Pardon* : si le mal commis était involontaire, si l'auteur de l'acte ne pouvait faire autrement, ou qu'il ne pouvait vraiment pas savoir, alors il y a de bonnes raisons pour expliquer la situation, et il ne saurait être question de lui en vouloir. Un ami vous fait attendre longuement à un rendez-vous, mais c'est parce que son train a été retardé : comment le lui reprocher ? Un passant dans la rue vous bouscule involontairement, il ne pouvait pas vous voir : il vous présente ses excuses ; vous ne pouvez les refuser. Lorsque celui qui fait le mal a des raisons à présenter, de quoi faudrait-il lui en vouloir malgré tout ? En pareil cas, comme le veut l'expression triviale, « il n'y a pas de mal ». L'excuse retire son objet au pardon. Celui qui est excusable est déjà « tout excusé » ; il n'y a pas d'acte en jeu, pas de choix à faire de la part de la victime du tort subi. Rien n'est donné à son auteur qui ne lui revienne déjà légitimement – au contraire même : il serait injuste de refuser d'excuser celui qui a de bonnes excuses.

C'est quand il n'y a pas d'excuse que le pardon est possible. Ou pour le dire autrement, c'est quand le mal commis l'a été délibérément, volontairement, en toute connaissance de cause, que la question du pardon se pose le plus essentiellement. C'est quand il y a le moins de raisons de pardonner, que le pardon peut advenir en tant que pardon. De ce point de vue, l'absurde serait de confondre l'excuse et le pardon : excuser un geste en effet, c'est reconnaître qu'il n'y avait pas d'intention de faire le mal, et donc finalement rien à pardonner. Seul ce qui est inexcusable a besoin du pardon ; et c'est pour cette raison que le pardon n'est jamais un dû, mais un don.

La justice veut que l'excusable soit excusé ; et que l'inexcusable soit condamné. Et il est nécessaire qu'il en soit ainsi, bien sûr. Mais au-delà de la justice, au-delà de toute raison, peut aussi se donner le pardon. Sa première condition est de reconnaître la réalité du mal causé : celui qui pardonne ne nie pas ce qu'il a subi, au contraire – qu'y aurait-il sinon à pardonner ? « Le pardon n'est pas indulgent », écrit Jankélévitch ; il ne cherche pas d'excuse qui pourrait justifier que le mal soit minimisé, pas de circonstance atténuante – pas de raison pour se fonder. Tout cela reviendrait à chercher un tranquillisant facile, à se dessaisir de la responsabilité du choix. Le pardon ne peut que se donner sans raison – et moins il se connaît de raison, plus il sera vraiment pardon. Voilà le paradoxe du pardon : quand il n'y a pas de mal, le pardon n'est pas possible. Plus le mal commis est grave, plus le pardon est difficile, mais plus il peut être grand. Le pardon n'est pardon que donné à l'impardonnable. En ce sens, rien, en principe, ne saurait jamais l'empêcher. L'excuse, bien sûr, a ses limites : tout n'est pas excusable. Celui qui n'a pas de bonne excuse ne peut prétendre être excusé. Mais aucun mal n'est si grand qu'il en devienne impardonnable ; même si bien sûr aucun coupable ne peut revendiquer d'être pardonné, le pardon peut atteindre n'importe quel coupable – jusqu'à celui qui ne l'aurait pas demandé…

Cette affirmation radicale, presque choquante, est le résultat d'une longue maturation dans l'œuvre de Jankélévitch. En 1948, dans *L'Imprescriptible*, il prenait la position adverse : devant le mal absolu que constitue la Shoah, qui pourrait admettre le pardon ? Et comment pardonner d'ailleurs, quand les bourreaux eux-mêmes n'ont jamais demandé pardon ? Le crime contre l'humanité faisait surgir dans l'histoire le cas limite de l'irrémissible, de la faute sans rédemption. C'est seulement vingt ans plus tard, en 1967, que Jankélévitch publie *Le Pardon* : expression magnifique de son cheminement dans la pensée, il revient dans cette réflexion sur sa propre affirmation d'une frontière indépassable qui s'opposerait au pardon. Si le pardon n'a lieu qu'en face de l'inexcusable, alors plus le mal est absolu, plus le pardon peut l'être aussi – sans, encore une fois, qu'il soit jamais exigible de droit. Plus aussi il sera difficile en effet, bien sûr ; et cependant, écrit Jankélévitch dans *Le Pardon*, « il n'y a pas de faute si grave qu'on ne puisse, en dernier recours, la pardonner. »

En cela, le pardon est l'expression radicale d'une liberté : il constitue un acte, et comme tel, il agit sur l'histoire. L'excuse n'est pas un choix, ni un événement : ce qui est excusable est déjà excusé ; il ne s'est rien passé qui sorte de l'immédiateté d'une déduction logique. Le pardon, lui, échappe à la logique : en répondant à l'injustice subie par le don gratuit, il change le cours des choses. Il ne se contente pas de reconnaître la situation ; il en produit une nouvelle. C'est la raison pour laquelle Hannah Arendt, dans *Condition de l'homme moderne*, décrit le pardon comme le seul événement qui puisse nous sauver du caractère irréversible des conséquences de l'action humaine. Lorsque le mal a été commis, il peut se propager dans toute l'histoire par le cercle que constitue l'enchaînement instinctif de la violence et de la vengeance. Seul le pardon peut briser ce cercle ; bien sûr, il n'annulera jamais la faute commise, ni ses conséquences. Mais il peut s'opposer à ce qu'elles découlent sur l'inéluctable répétition du mal ; et ainsi, le pardon possède la puissance de tout acte libre, qui est de changer l'histoire, de faire advenir du nouveau.

## Fatalisme ou responsabilité

« Que m'est-il permis d'espérer ? » Ce détour peut-être surprenant a sans doute beaucoup à nous apprendre pour éclairer notre question initiale. Dans *De l'existence à l'existant*, Levinas affirme que l'espérance est à l'avenir ce que le pardon est au passé. Qu'est-ce que cela signifie, et quelles conclusions en retirer ? Nous l'avons dit : c'est face à la réalité du mal subi, face à l'irréparable, que le pardon peut advenir. Il n'est pas nécessaire de pardonner ce qui est facile à réparer, à compenser, à oublier. De même qu'il n'y a pas de vrai pardon quand il y a assez de raisons de croire qu'il n'y a pas eu de mal, il n'y a pas de vrai espoir quand il y a assez de raisons de penser que tout finira bien. Attendre un bonheur dont on sait qu'il doit arriver, ce n'est pas de l'espérance ; on ne peut espérer un bien pour demain, que dans la mesure où il est encore incertain. Et cette incertitude même donne sa mesure à l'espérance : ce qui veut dire qu'elle est d'autant plus grande que ce que nous espérons semble lointain, impossible, inatteignable. Quand tout est gagné, paradoxalement, il ne nous reste rien à espérer. C'est quand tout semble perdu que l'espoir est nécessaire. De même que le pardon n'est pardon que quand il n'y a pas de raison de pardonner, face à l'évidence d'un mal irréparable, l'espoir trouve son lieu face à la plus grande inquiétude. « Ce qui fait l'acuité de l'espoir, écrit Levinas, c'est la gravité de l'instant où il s'accomplit. L'irréparable est son atmosphère naturelle. L'espoir n'est espoir que quand il n'est plus permis. »

Cela correspond d'ailleurs à l'expérience ordinaire. Nous le savons bien : ce n'est pas quand tout va bien pour nous et ceux que nous aimons, quand nous sommes bien portants et prospères, quand tout semble nous réussir, que nous avons besoin d'espoir. C'est au contraire quand nous affrontons l'échec, la maladie, la détresse de nos proches ou la solitude, c'est dans les moments où l'épreuve nous atteint, que l'espoir peut avoir un sens. Celui qui se trouve toutes les raisons d'être optimiste, que peut-il espérer de plus ? Le pardon n'est pardon que là où il n'y a pas de place pour l'excuse ; de même, l'espérance n'est espérance que là où il n'y a aucune raison d'être optimiste.

Ainsi, c'est dans les moments où l'espérance est la plus difficile qu'elle est aussi la plus nécessaire. Elle ne suppose pas de minimiser la réalité du mal, de nier l'ampleur du danger, ou de professer la certitude inébranlable que tout finira toujours bien. Au contraire : espérer implique de reconnaître l'épreuve traversée, de prendre au sérieux ce que le présent et l'avenir suscitent d'inquiétude. Revenons à Bernanos : le pessimisme et l'optimisme, écrivait-il, « s'accordent à ne pas voir les choses comme elles sont » ; ils constituent ainsi « les deux faces d'un même mensonge ». Espérer, au contraire, commence par un acte de lucidité. « L'espérance se conquiert. On ne va jusqu'à l'espérance qu'à travers la vérité, au prix de grands efforts et d'une longue patience. »

L'espérance n'est en rien une manière de se rassurer à moindre frais devant l'incertitude du lendemain, devant l'injustice, la souffrance et la mort. Elle n'a rien à voir avec la lâcheté d'une consolation trop confortable, avec l'opium tranquillisant les masses que dénonçait Marx. Espérer, comme pardonner, suppose de reconnaître le mal, de ne pas contourner l'obscurité du temps – au contraire. « Pour rencontrer l'espérance, il faut être allé au-delà du désespoir. Quand on va jusqu'au bout de la nuit, on rencontre une autre aurore. » C'est pour cela qu'il faut du courage pour espérer, comme pour pardonner – il y faut même, écrit Bernanos, « une détermination héroïque ». Empiler les raisons fallacieuses pour se faire croire que tout va bien, c'est une forme de lâcheté. Assumer que la nuit semble l'emporter sans renoncer pourtant à vouloir une autre aurore, c'est un acte de courage. Il ne peut naître en effet que d'un combat difficile contre soi-même, contre la tentation du déni ou du découragement, contre l'inclination paresseuse à la jouissance de court terme quand l'avenir est trop inquiétant. Espérer suppose de refuser toutes ces formes de médiocrité dans lesquelles, face à l'épreuve, nous éprouvons intensément le besoin de nous réfugier. Parce qu'elle exige de choisir la lucidité la plus inconfortable, de reconnaître le mal, et d'aller par surcroît encore au-delà de lui pour ne pas s'y résigner, l'espérance est bien un combat. Et Bernanos l'affirme même, allant au bout de cet apparent paradoxe : « L'espérance est la plus grande et la plus difficile victoire qu'un homme puisse remporter sur son âme. »

Plus noire est la nuit, plus rares les raisons de croire encore en l'avenir, plus cette victoire est difficile, et plus elle a de sens pourtant. De même qu'il n'y a pas matière à pardonner ce qui est déjà excusé, il n'y a aucun sens à espérer quand on a toutes les raisons de penser que le progrès est en marche. On ne peut vraiment pardonner que quand on n'a pas de raison de pardonner ; on ne peut vraiment espérer que quand on n'a pas de raison d'espérer. L'espérance ne peut répondre qu'aux situations désespérées – l'optimisme suffit quand tout semble pouvoir bien tourner. « La plus haute forme de l'espérance, écrit Bernanos, c'est le désespoir surmonté. » Tout cela explique que nous puissions reprendre ici la provocation de Jankélévitch sur le pardon : comme aucun mal n'est trop absolu pour interdire le pardon, aucun mal, non plus, n'est trop accablant pour empêcher d'espérer. Certes, plus l'épreuve est grande, plus ce choix est difficile ; mais plus il est grand lui aussi. Et plus il peut changer l'histoire.

Car, et ce sera ici le dernier point de cette longue analogie, l'espérance a encore ceci de commun avec le pardon qu'elle peut transformer le moment où elle advient. L'optimisme, nous le disions, est le meilleur prétexte à l'inaction : si vous préjugez que quoiqu'il arrive, tout se terminera pour le mieux, pourquoi faudrait-il vous charger du fardeau de l'action ? Laissez faire les événements : ils iront d'eux-mêmes vers l'inéluctable progrès. C'est ainsi que l'optimisme peut précipiter la catastrophe en justifiant l'inaction de ceux qui devraient au contraire prendre à temps la mesure du danger. Le pessimisme ne sera pas plus efficace, qui légitimera la résignation paresseuse par la conviction que le mal est de toute façon trop avancé pour que nous puissions l'affronter. L'espérance entraîne au contraire une révolution dans l'existence : elle consiste à reconnaître ce qui menace, tout en pariant sur ce qui sauve. Elle ne nie pas la souffrance de la maladie, mais ne renonce pas à la guérison. En sachant que tout semble perdu, elle parie sur le devoir de vaincre. Elle implique de reconnaître le mal, et de miser pourtant sa vie sur la possibilité d'un bien.

Et ce faisant, l'espérance rend possible ce bien – cette guérison, cette victoire qui semblaient pourtant hors d'atteinte. Combien d'exemples l'histoire nous a-t-elle laissés de ces actes d'espérance qui ont forcé le destin ? Dans *Le Métier et la Vocation de politique*, Max Weber le rappelle, avec le sérieux du scientifique : « Il est parfaitement exact de dire, et toute l'expérience historique le confirme, que l'on n'aurait jamais pu atteindre le possible, si dans le monde on ne s'était sans cesse et toujours attaqué à l'impossible. » S'engager dans une telle direction, c'est précisément espérer.

### Penser pour pouvoir espérer

Si l'espérance n'a pas besoin de raisons pour se fonder, elle ne saurait naître pourtant sans que nous ayons tenté de comprendre le nœud qu'il lui faut trancher – la réalité du mal, le mouvement de l'histoire, et le temps de nos vies. C'est ce fil conducteur qui a conduit à réunir les trois conférences qui suivent. Initialement séparées, elles ont été reprises ici pour pouvoir éclairer ensemble cette question qui les relie : « Que m'est-il permis d'espérer ? » De l'épreuve de la violence à la promesse du bonheur, par le chemin d'une réflexion sur l'idée même de progrès, ces textes prennent pour projet de reprendre à nouveaux frais la question éternelle de la possibilité d'un espoir, afin de nous aider à relever les défis qui nous attendent aujourd'hui.

Les Soirées de la Philo sont nées il y a tout juste dix ans, de la demande de quelques étudiants désireux de renouer avec la philosophie. La proposition n'a pas varié, mais elle s'est rapidement diffusée à un public sans cesse plus nombreux, au gré des théâtres parisiens et des nombreuses villes, en France et en Europe, qui ont accueilli ces rencontres. Leur écho ne s'est jamais démenti, sans communication étudiée ni bruit médiatique pourtant, et sans autre argument publicitaire que quelques questions de philosophie renouvelées chaque saison. Au cours de ces années, des dizaines de milliers de personnes y auront participé, de toutes les générations – retrouver chaque lundi soir tant de jeunes, en particulier, aura été pour moi un signe d'espoir inépuisable, s'il en fallait.

Les conférences que j'ai le grand bonheur de partager sont structurées à chaque fois autour d'une question ; leur seule ambition, humble mais exigeante, est de transmettre à tous ceux qui le voudront les pages de l'histoire de la pensée qui ont, par leur éternelle actualité, tant à dire à notre présent. Comme bien des collègues professeurs, qui vivent chaque jour le miracle patient de la liberté nouvelle que la fréquentation des textes les plus anciens fait naître encore chez leurs élèves, je ne veux ici être que le porte-voix de ces auteurs qui nous précèdent, nous dépassent, et nous élèvent.

C'est la raison pour laquelle, précision de méthode évidente mais nécessaire, je propose sur chaque sujet plusieurs perspectives possibles, avec la volonté d'offrir au public un aperçu des controverses qui ont fait l'histoire de la pensée, et avec la certitude que chacun en fera la matière de sa propre réflexion. Il ne faut donc pas s'attendre à ce que j'expose ici seulement ce qui correspond à ma position personnelle : bien des auteurs dont j'ai tenté d'expliquer loyalement le propos se trouvent à l'opposé de ce que je crois pour ma part. Il n'y a rien de relativiste dans un tel pari, au contraire : s'efforcer de comprendre la pensée des autres est stimulant, utile, nécessaire même, pour cheminer vers la vérité ; et ce choix de méthode ne m'empêche pas, comme on le constatera ici, de risquer à chaque fois une proposition de réponse – non pour donner mon opinion, mais pour assumer un engagement intellectuel, sans lequel il n'est aucune véritable liberté dans la pensée.

## *Peut-on rêver d'un monde sans violence ?*

Parce que nous aimons la philosophie, nous sommes souvent idéalistes et nous espérons voir le monde meilleur qu'il ne l'est en vérité. Faut-il espérer qu'il s'améliore ou faut-il y renoncer une bonne fois pour toutes ? Faut-il espérer le changer ou le prendre comme nous le voyons ? Ce monde traversé de tant de violence est-il améliorable ou faut-il construire nos vies pour pouvoir nous protéger de cette violence définitive ? Bref, entre l'espoir et la résignation, ce soir, nous allons nous poser cette question : peut-on rêver d'un monde sans violence ?

C'est une très grande joie de vous retrouver ce soir si nombreux. Après avoir exploré le champ de l'éthique, à travers l'expérience de la responsabilité, après nous être posé la question de savoir si nous sommes responsables de la nature elle-même –, nous allons en venir à ce qui fait la marque propre de l'action humaine au milieu de ce monde, c'est-à-dire la possibilité de la violence, cette violence que nous ne cessons de constater, dont l'actualité ne cesse de nous rappeler tristement la trace. Cette violence, faut-il nous y résigner ? demandais-je en commençant, ou faut-il au contraire tenter de croire à nos rêves ? Ce soir, allons-nous dire : « *I have a dream* » ? ou au contraire finirons-nous par nous résoudre à une lucidité douloureuse ? Peut-on rêver d'un monde sans violence ?

Avant toute chose, reconnaissons que la violence n'est pas seulement le lot de l'action humaine ; peut-être est-elle même ce qui définit la réalité de l'être. Peut-être tout être est-il, en tant qu'il est, violence, c'est-à-dire en tant qu'il traverse le monde avec sa trace propre, qu'il le transforme et qu'il agit sur lui. Lorsque nous avons évoqué la question de la technique, nous avons parlé ensemble de la manière dont le geste humain, le geste du corps, le geste de la main, peut faire violence à la matière qui l'entoure. Mais, reconnaissons-le, la violence n'est pas seulement le fait de l'humain. Bien qu'ayant évidemment les épaules larges, nous ne pouvons pas porter la responsabilité pour le cosmos tout entier. C'est le monde même qui est violent. C'est la réalité qui est violente. C'est la réalité qui est violence. On pourrait même dire que l'essence de l'être, c'est d'être de la violence, en ce sens que tout être agit sur ce qui est autour de lui, et transforme ce qui l'entoure.

Tout être, donc, fait violence à la réalité préexistante. C'est ce que nous disait un auteur très ancien, un auteur de la plus haute Antiquité, un penseur présocratique,

Héraclite – que l'on appelle aussi l'Obscur, pour le caractère mystérieux des textes qu'on a retrouvés de lui. Nous n'en avons gardé que les courts fragments de ce qui devait être un très grand poème intitulé *De la nature*. Et ces fragments, vous en connaissez forcément quelques-uns. Citons, par exemple, la formule très célèbre :

« *Panta rheî.* »

Ce qui signifie : « Tout s'écoule. » Héraclite est celui qui pense la fluidité du réel, le fait que le réel ne cesse de se transformer, de changer ; et que dans ce changement perpétuel, le réel ne cesse de remplacer l'ancien par le nouveau, ne cesse de détruire ce qui est, pour le remplacer par ce qui n'est pas encore. Et dans cet universel remplacement, on pourrait dire que le réel est tout entier violence. L'essence même de la réalité dans ce mouvement perpétuel qu'elle présente à nos sens, c'est la destruction de ce qui est, et son remplacement par ce qui advient. Et ce qui advient sera à son tour détruit par ce qui est à venir. Bref, le combat est l'essence de l'être. Le combat est l'essentiel de la réalité : « *Polemos* », écrit Héraclite dans l'un de ses fragments mystérieux, « *Polemos* », c'est-à-dire le combat, la guerre, la violence :

« *Polemos* est le père et le maître de toutes choses, et de toutes choses, le roi. »

Tout est violence, tout est conflit, tout est lutte. Et la vie est faite de luttes. Il n'y a pas de vie qui ne soit pas d'abord exposée à la violence, et actrice de la violence. Il n'y a pas non plus, puisque c'est le cas pour tout le cosmos, de vie humaine au sein de ce cosmos qui ne soit aussi violente. Bref, il y a peut-être dans la violence quelque chose qui semble être la condition de l'existence, et puisque c'est ce qui nous intéresse le plus, bien sûr, il y a dans la vie humaine une expérience toujours marquée par cette violence, qui est peut-être, reconnaissons-le, la première expérience qui nous lie aux autres. Si l'essence même du réel est la violence et la lutte, alors ne peut-on pas dire à plus forte raison que l'essence même de la vie est, aussi, la lutte et la violence ? Quel est le premier lien qui nous rattache les uns aux autres ? Par quoi entrons-nous en relation de manière originaire ? Albert Cohen écrit :

> « Celui qui sourit signifie à l'hominien d'en face qu'il est pacifique, qu'il ne le mordra pas avec ses dents, et pour preuve il les lui montre, inoffensives. Montrer les dents et ne pas s'en servir pour attaquer est devenu un salut de paix. » [1]

Quand nous nous sourions, nous nous montrons les dents, comme des êtres qui se regardent en se montrant qu'ils pourraient se nuire. Peut-être est-ce là, de manière implicite ou explicite, l'indice que la possibilité de la

1. Albert Cohen, *Belle du Seigneur*, Gallimard, 1968.

violence est contenue dans le premier lien, la première relation, le premier contact entre les êtres humains.

L'un de ceux qui ont pensé d'une manière quasiment métaphysique l'expérience du vivant en lien avec d'autres consciences, c'est le philosophe Hegel. Dans la *Phénoménologie de l'esprit*, Hegel tente de décrire ce qui se produit dans le premier contact. De fait, je suis vivant et je suis conscient d'être vivant, et voilà quelque chose qui fait la singularité de ma vie : je suis une vie consciente d'elle-même. Et que veut dire une vie consciente d'elle-même ? Je suis une vie ouverte à des possibles que je veux déterminer de moi-même, que je veux pouvoir choisir, dont je veux pouvoir décider. Voilà ce que veut dire être conscient. Je suis libre, je me sais libre, je me veux libre, je veux pouvoir, je veux vouloir, je veux pouvoir me choisir – choisir ma vie, et non la subir. Voilà ce que veut dire avoir une conscience. Le vrai problème n'est pas dans le fait d'avoir une conscience ; le vrai problème n'est pas dans le fait d'être libre, et d'en être conscient ; le vrai grand problème c'est le fait que vous soyez là, et que vous aussi vous ayez la même perception, que vous aussi vous vous sentiez libres, et que vous vouliez l'être vraiment.

Et la difficulté commence au moment où nous nous croisons, où nous nous rencontrons. Parce que le fait que vous soyez des consciences agissantes veut dire que je ne suis pas seul à être libre dans le monde, que je ne suis pas toute la liberté du monde, que je ne peux pas tout puisque vous êtes aussi ici. Je suis un sujet, c'est-à-dire que je dis *je*. Et je veux pouvoir dire *je*, je veux pouvoir écrire ma propre vie à partir de cette première personne du singulier, je veux pouvoir dire : *je* suis, *j'*agis. Mais vous êtes là aussi, et vous voulez la même chose. Et que va-t-il se produire, évidemment ? Quelle est la première chose qui va arriver entre nous ? Quelle est la première relation entre les hommes, sinon la violence ? Parce qu'il y a, d'une certaine manière, quelqu'un de trop dans ces deux êtres qui disent *je* ; il y a quelqu'un de trop entre nous. Et nous ne pouvons pas prétendre ensemble, chacun d'entre nous, être absolument libres, si vous l'êtes autant que moi. Il faut que nous puissions trancher : si vous décidez du monde ou si j'en décide moi. *(Une sonnerie retentit.)* Vous voyez bien qu'il y a une perturbation, quelque chose qui nécessairement vient compliquer notre existence dans la simple présence de l'autre. En réalité, ça n'est pas du tout anecdotique, c'est le fait même de l'existence que la vie de l'autre dérange ma propre sécurité, mon confort, ma tranquillité ; et surtout, la vie de l'autre me dérange en ce sens qu'il peut lui aussi prétendre à ce que je voudrais, moi.

C'est également ce qu'a évoqué – je reviendrai à Hegel juste après, mais pour n'en dire qu'un tout petit mot, trop bref, mais on ne peut pas parler de tout – un très grand philosophe français, contemporain, tout proche de nous, qui s'appelle René Girard. René Girard, vous le savez, est celui qui a tenté de comprendre la structure même du désir, et de démasquer ce qu'il appelait l'illusion romantique, c'est-à-dire l'idée qu'il y a moi et l'objet de mon désir, et que nous sommes seuls au monde : moi le sujet, et lui l'objet. En réalité, derrière cette illusion romantique qui nous fait croire à la simplicité d'une relation binaire, à l'intérieur du désir, entre moi et ce que je désire, il y a dans le désir une relation ternaire : il y a moi, il y a l'autre, il y a ce que l'autre désire. Et comme par hasard, ce que l'autre désire, c'est toujours la même chose que ce que je désire moi-même. Le désir est mimétique ; nous imitons nos désirs. Nous désirons les mêmes choses, au même moment comme par hasard. Mettez deux petits enfants dans une pièce remplie de jouets : au bout d'un instant très court ils seront en train de se disputer pour avoir le même jouet. Et vous aurez beau leur dire : mais regarde, la pièce est remplie, tu n'as plus qu'à te servir, tu ne veux pas celui-ci plutôt, ou celui-là ? Non, non, il veut exactement celui que l'autre est en train de manipuler. Il le veut, celui-là et aucun autre. Pourquoi ? Parce que le fait de l'obtenir signifiera la supériorité de son désir sur le désir d'autrui, la suprématie de sa volonté sur la volonté d'autrui. Ce que je désire en fait, ce n'est pas vraiment cet objet. Si je choisis cet objet, c'est parce que je veux pouvoir susciter le désir de l'autre, je veux pouvoir susciter sa jalousie. Et quand je regarderai le regard de l'autre sur ce que j'aurai possédé, quand je regarderai dans le regard de l'autre s'allumer cette pointe d'envie qui ne sera rien d'autre que l'aveu de son impuissance face à mon pouvoir supérieur, alors j'aurai obtenu ce que je désire vraiment : non pas cet objet – dont d'ailleurs je me lasserai instantanément aussitôt après l'avoir obtenu –, mais le sentiment que j'existe, et que l'autre est contraint de le reconnaître, que l'autre est contraint de faire avec ma propre existence, et avec mon propre pouvoir d'agir.

Il m'arrivait l'été dernier de faire jouer mes deux petites nièces sur une balançoire. Spectacle charmant que l'on pourrait croire irénique, idéaliste et paisible, mais non ! Peut-on rêver d'un monde sans violence ? Chacune des deux voulait précisément la balançoire de l'autre. Ce qui était, remarquez-le, assez pratique, parce qu'il suffisait de les changer régulièrement de balançoire pour qu'elles soient toutes les deux comblées, pendant une période provisoire qui ne durait que jusqu'à ce qu'elles se rendent compte que l'autre était sur l'autre balançoire, qui devait par conséquent, être immédiatement préférée. Et tout est là : nous n'avons jamais grandi, nous n'avons jamais changé.

Si vous regardez comment fonctionne le marketing, vous n'y verrez que désir mimétique partout entretenu. C'est sur le désir mimétique que se fondent toutes les promesses de la publicité. On ne vous vend pas une voiture en vous expliquant qu'elle est meilleure que les autres et que ses performances sont supérieures, avantageuses, rationnellement préférables, non ! On vous vend une voiture en vous montrant comme ceux qui la conduisent ont l'air d'être beaux, riches, puissants – ont l'air d'être enviables ; et comme vous serez aussi enviable, pour tous ceux qui vous regarderont la conduire quand vous l'aurez acquise à votre tour. Il y a, dans les représentations que la société de consommation produit autour de nous, une pure et unique rationalité qui est celle de ce désir mimétique qui, si l'on y regarde bien, s'exprime dans la vérité du roman, bien plus que dans l'illusion romantique, nous dit René Girard[1].

Et c'est la raison pour laquelle le désir, nécessairement, produit de la violence. C'est la raison pour laquelle la société, nécessairement, est travaillée de violence ; le « vivre ensemble » est décrit comme une valeur suprême, mais il n'y a rien de plus épouvantable que le vivre ensemble ! Nous en parlons comme si c'était une promesse de paix et de bonheur. Mais le vivre ensemble, c'est l'enfer ! Il faut rompre avec l'illusion romantique, ne plus rêver d'un monde sans violence. Vivre avec les autres, c'est nécessairement le début de tous les ennuis, parce que c'est désirer ensemble exactement la même chose et passer notre temps à combattre pour obtenir précisément ce que l'autre désire. Nous n'avons jamais changé. En réalité, la société produit ce mimétisme, elle produit cet « enfer du même » dont parle René Girard. Seule la survenue d'une différence radicale, l'empêchement d'être ensemble, pourrait nous faire échapper à ce cauchemar absolu qu'est l'enfer du même, c'est-à-dire l'enfer de la violence mimétique produite par la convergence de nos désirs. Parce qu'en réalité, derrière le désir, se joue non pas le désir d'un objet pour les qualités intrinsèques qui le rendraient désirable, mais le fait que cet objet devient

1. *Mensonge romantique et Vérité romanesque*, Grasset, 1961.

pour moi le prétexte à l'acte de reconnaissance que je veux extorquer à l'autre : je veux que l'autre reconnaisse que je suis libre, que je suis puissant, que je peux agir, que je suis vraiment un sujet.

Et voilà où nous reprenons la dialectique hégélienne. Je suis seul au monde, tout va très bien. L'autre arrive, et c'est le début des ennuis. Que va-t-il se passer, en fait ? Je suis un sujet, je dis *je*, je veux dire : j'agis. Et vous êtes aussi des sujets. Et pourtant, je ne vous perçois pas comme tels, je vous perçois comme des objets. Vous êtes pour moi des objets ; vous êtes d'abord des objets de ma perception. Et ensuite je veux, d'une certaine manière, vous réduire à cet état d'objets pour être le seul sujet. Et c'est la raison pour laquelle nous allons entrer en guerre : ainsi commence la confrontation. La violence est la première forme de la rencontre avec les autres. Tout commence par la violence, par une guerre à mort dont l'enjeu est absolument unique : l'enjeu c'est non pas l'objet de la guerre – il n'y a pas d'objet de la guerre –, l'enjeu c'est la reconnaissance, la lutte pour la reconnaissance. Vous le savez tous, nous avons soif, immensément soif d'être reconnus : soif d'être reconnus comme des personnes, comme des sujets libres, capables d'être les auteurs de leur propre existence. Mais cette soif de reconnaissance n'a rien de tranquille ni de paisible : elle commence par la violence.

Si vous voulez voir à quoi ressemble la rencontre initiale entre les personnes, regardez comment se passe la relation entre les États, qui n'est rien d'autre que la manière la plus simple et la plus triviale pour nous d'observer cette rencontre interhumaine dans sa forme la plus organique, la moins dissimulée, la plus explicite. Les États sont capables de se faire la guerre, et de se faire la guerre à mort, littéralement, de causer des milliers, parfois des millions de morts. Pourquoi ? Non pas d'abord parce qu'il en sortirait quelque chose de bon pour eux, de profitable ou d'utile, mais pour pouvoir asseoir la reconnaissance qu'ils veulent conquérir sur l'autre. Pourquoi l'Alsace et la Lorraine ont-elles été l'objet de disputes pendant plus d'un siècle ? Non pas tant parce qu'elles revêtaient une importance stratégique vitale pour la souveraineté de chacun des pays concernés, mais parce que celui qui possédait l'Alsace et la Lorraine possédait le trophée que l'autre désirait, et pouvait ainsi montrer qu'il était le plus puissant ; et parce que le rival privé de l'Alsace et la Lorraine était humilié, et ravalé à son impuissance. Il en va de même dans les relations entre les personnes, comme entre les groupes humains, entre les sociétés, entre les nations.

La première rencontre est celle de la violence. Tout commence par une guerre à mort, une guerre pour la reconnaissance. Et dans cette guerre il y a deux choix possibles, en réalité, deux options disponibles : d'un côté celui qui préférera garder la vie, quitte à perdre sa liberté (celui qui préférera se soumettre en choisissant sa sécurité) ; et de l'autre celui qui préférera, au contraire, mener le combat jusqu'au bout au nom de sa liberté, qui voudra être reconnu quoi qu'il arrive, quand bien même il devrait risquer d'y perdre la vie. Celui qui préfère sa sécurité et qui choisira d'arrêter le combat pour ne pas mourir, acceptera de servir, et il deviendra l'esclave ; celui qui voudra, quoi qu'il arrive, dominer et l'emporter, affirmer sa suprématie même en risquant sa propre vie, deviendra le maître. Qu'advient-il de l'esclave ? Il devient un objet à disposition du maître, il devient disponible. Pourquoi la violence est-elle la première de nos rencontres ? Eh bien, parce que nous ne voulons pas devenir des objets. Et qu'est-ce qui met fin à la violence ? Le moment où l'on se soumet, où l'on accepte de devenir disponible à la volonté d'autrui, où l'on accepte d'être soi-même dominé, d'être dirigé par la volonté d'autrui. Peut-on rêver d'un monde sans violence ? Absolument pas. La violence est le propre de cette existence, dès la première relation inéluctable à l'existence d'autrui. Tout commence par la violence… Ou plutôt, on ne peut rêver d'un monde sans violence que par le jeu de la dialectique, c'est-à-dire des étapes successives par lesquelles ce rapport de domination va se cristalliser dans une relation de maître à esclave, de dominant à dominé.

La première rencontre entre les hommes, c'est la violence. Et la seule chose qui mette fin à la violence, c'est le moment où quelqu'un dit : pouce !, où quelqu'un préfère arrêter la partie pour pouvoir sauver sa vie. Le moment où la violence s'arrête, c'est le moment où elle se cristallise dans une relation de domination. Mais si vous y regardez bien, l'histoire n'est rien d'autre qu'une succession de poussées de violence qui s'interrompent par moments, pour se cristalliser dans des relations de domination, et qui reprennent ensuite dans un jeu dialectique de renversements perpétuels, pour pouvoir se transformer en d'autres rapports de domination, qui se succèdent les uns aux autres. La vie est une succession d'étapes de violence destructrice, qui créent un nouvel état de destructions créatrices, une succession de renversements par lesquels tout l'existant se détruit pour se trouver contenu dans l'état ultérieur du rapport historique qui se construit entre les hommes. Voilà ce que c'est que l'histoire : une succession de moments de violence, entre lesquels s'intercalent des moments de stabilité, des moments paisibles, peut-être même heureux, bien qu'ils soient des moments de domination installée, mais qui ne sont que des pages vides. Il n'y a pas d'époque paisible qui soit une grande page de l'histoire. Les grands moments de l'histoire – ceux qui ont fait les grands hommes, les grandes actions – ont été de grands moments de violence, de lutte, de conflits, de renversements des rapports de domination. Car l'histoire ne s'arrête pas là où Hegel décrivait ce premier état des choses : conflit originaire, bataille, violence, retrait de l'un des combattants et cristallisation du rapport de domination (d'un côté le maître, de l'autre l'esclave). Après cela, l'histoire poursuit son chemin.

Que va faire l'esclave pour le maître ? Il travaille la terre, il devient en quelque sorte un outil, un instrument entièrement à la main du maître, il fait pour lui l'effort de s'user dans le labeur pour que le maître puisse posséder et jouir des fruits de son travail. Mais regardez comment les choses se passent ; de ce point de vue-là, d'ailleurs, Hegel avait sans doute très bien vu la manière dont, de façon dialectique justement, les rapports finissent par se renverser, sont un jour contestés, et se transforment progressivement. L'esclave travaille pour le maître, et le maître est donc le maître en ce sens qu'il ne travaille pas : c'est le propre du maître de ne pas travailler, c'est le propre de l'esclave de travailler pour le maître. Mais quand nous travaillons, nous faisons autre chose que ce que nous sommes en train de faire. Celui qui travaille la terre ne fait pas que produire ce qui naît de ses mains, il produit aussi en lui-même une certaine habileté au travail, une expérience, des facultés inédites. L'artisan qui fabrique un objet ne fabrique pas que l'objet, il produit aussi, tout en fabriquant l'objet, sa propre technicité. Ce que nous faisons nous fait.

« C'est en forgeant qu'on devient forgeron », n'est-ce pas ? Et celui qui forge ne fait pas que produire des objets forgés, il se produit aussi comme forgeron : il se sculpte, il se transforme, il se perfectionne. Le maître, lui, qui ne travaille pas, ne perfectionne rien en lui. Sa domination est assise sur la force brutale de ce premier combat, de ce combat originaire, mais il est devenu subrepticement, sans le savoir, sans s'en rendre compte, dépendant de l'esclave lui-même, dépendant du savoir-faire de l'esclave qui produit pour lui les conditions de sa survie ; il a besoin du travail de l'esclave qu'il est incapable de faire par lui-même. La relation de maître à esclave ne s'est figée que pour un temps ; et c'est la raison pour laquelle, de façon récurrente dans l'histoire, la violence reprend son cours. Car un jour l'esclave se rend compte que le maître dépend de lui. Et dans l'expérience de cet assujettissement, l'esclave prend conscience que son maître est devenu son esclave, puisqu'il ne peut vivre sans lui. Le maître devient alors l'esclave de l'esclave, et l'esclave devient le maître du maître. Renversement. *Aufhebung,* dira Hegel, c'est-à-dire dépassement de la situation initiale, et remplacement de cette situation par la violence et par le conflit qui reprend, au profit d'un autre état, d'un autre rapport de force, d'une autre transformation. Voilà ce qu'on appelle l'histoire.

L'histoire est ce fracas de la destruction des relations temporairement installées, qui se renversent dans de nouveaux accès de violence, dans de nouvelles poussées de violence. Car ce n'est pas sans violence que l'esclave devient maître du maître, et le maître esclave de l'esclave. Dans l'intervalle, il y a tout un monde qui se détruit, et tout un monde nouveau qui arrive.

C'est par la violence que se tournent les pages de l'histoire : la violence est au départ, et dans tous les moments charnières qui font de l'histoire ce qu'elle est. La violence qui détruit est condition pour que se crée un nouvel état de choses, un nouveau rapport de force, une nouvelle configuration de toutes les relations humaines et des civilisations. Le maître devient l'esclave de l'esclave, l'esclave devient le maître du maître. Voilà ce qui arrive à toutes les civilisations qui, dans le moment de leur prospérité, font faire par d'autres le travail usant et pénible qu'elles ne veulent plus assumer. Cela ne se fait pas forcément sous la forme de l'esclavage au sens classique de ce terme.

Il y a tant d'autres formes par lesquelles nous faisons des autres les objets de notre vouloir; et il y a tant d'autres formes par lesquelles, un jour, ces autres dont nous avons fait des objets par un acte de violence se retournent contre nous par un autre acte de violence, et écrivent une nouvelle page de l'histoire mondiale, une nouvelle page de l'histoire de la liberté car, au fond, c'est toujours dans la violence que la liberté progresse. N'oublions pas, bien sûr, que Hegel est contemporain de la Révolution française. Il en a vu la violence destructrice, fascinante, et en même temps créatrice d'un nouveau monde. Le maître devient l'esclave de l'esclave, l'esclave devient le maître du maître. Et cela ne se fait pas sans violence. Il faut accepter que la violence soit indissociable de toutes les charnières de l'histoire, accepter que, dans tous les moments où quelque chose progresse, quelque chose d'autre soit détruit. C'est ce qui fait ce que nous admirons dans l'histoire, d'ailleurs.

Les grands hommes n'ont pas choisi le confort, nous dit Hegel, dans *La raison dans l'histoire*. « Leur but une fois atteint, ils n'en sont pas venus à une paisible jouissance, ils n'ont pas été heureux. »

Les grands hommes n'ont pas vécu une vie confortable et paisible, ceux dont nous avons retenu les destins comme étant de grandes pages d'histoire n'ont pas été des bourgeois tranquilles ; ils ont été les acteurs d'une histoire qu'ils ont faite, et qui les a détruits, tous. Le grand homme, pour Hegel, c'était par exemple Napoléon : l'incarnation de l'homme historique, du grand homme. Hegel travaillait à Iéna en 1806, il était en train d'écrire la *Phénoménologie de l'esprit*, lorsqu'il a vu Napoléon entrer dans la ville ; et Hegel avait beau être prussien, il dira qu'en voyant de sa fenêtre passer le cortège de Napoléon, il a vu l'âme du monde traverser à cheval les murs de la ville. Fascination exceptionnelle de Hegel pour Napoléon… Mais malgré ce rôle, Napoléon n'a certainement pas été heureux au sens trivial de ce terme ; il n'a pas vécu dans un état de satisfaction tranquille et paisible, en jouissant de biens de consommation sans dangerosité. Non, Napoléon a vécu directement la violence de l'histoire jusque dans sa propre histoire. Et cela se finit, bien sûr, à Sainte-Hélène.

Arcole et Austerlitz sont grands ; mais pour chaque jour d'une victoire historique vaut l'avertissement de Hugo à Napoléon :

« Demain, c'est le cheval qui s'abat blanc d'écume.
Demain, ô conquérant, c'est Moscou qui s'allume,
La nuit, comme un flambeau.
C'est votre vieille garde au loin jonchant la plaine.

> Demain, c'est Waterloo ! demain, c'est Sainte-Hélène !
> Demain, c'est le tombeau[1] ! »

Cette destruction que l'histoire fait endurer à tous ceux qui la font, cette défaite, cette violence sont consubstantielles à l'acteur historique lui-même. Et d'ailleurs, ce n'est pas seulement lui-même que Napoléon a détruit : il a détruit, bien sûr, très largement autour de lui. Hegel le reconnaît volontiers :

> « En poursuivant leurs grands intérêts, les grands hommes ont souvent traité légèrement, sans égards, d'autres intérêts vénérables en soi, et même des droits sacrés. C'est là une manière de se conduire qui est assurément exposée au blâme moral. Mais leur position est tout autre. Une si grande figure écrase nécessairement mainte fleur innocente, ruine mainte chose sur son passage. »

Vous comprenez bien que, dans ce sentiment de la violence nécessaire à l'histoire en train de se faire, il ne faudrait surtout pas que celui qui a le sentiment de devoir écrire l'histoire s'embarrasse des dégâts collatéraux qu'il pourrait lui arriver de causer. L'histoire s'opère dans la violence. Imaginez une seule seconde que la Révolution française eût été embarrassée d'une violence superflue : elle ne se serait jamais faite. Alors, avec le recul, on peut se dire : que de violences inutiles ! Mais comment aurait-on pu renverser un monde sans lui faire

1. *Napoléon II*, poème de Victor Hugo.

violence ? L'histoire est ainsi. Et Hegel nous dit qu'il ne faut pas s'embarrasser des petites fleurs innocentes qu'on pourrait écraser sur son chemin, quand on fait progresser l'histoire. Le renversement de ces rapports de dominations, la transformation de ces relations de violence qui se sont cristallisées entre les hommes, tout cela se fait aussi par la violence. Et c'est ainsi que l'histoire avance. Au fond, c'est ce qui fait la vie elle-même, c'est ce qui fait la réalité elle-même, c'est ce qui fait ce que Hegel appelle la dialectique.

La dialectique, c'est ce par quoi les états passés de l'être, détruits et niés, sont contenus pourtant dans le présent. Quand, par exemple, le maître devient l'esclave de l'esclave, l'esclave devient le maître du maître. Mais le maître qu'est devenu l'ancien esclave n'est pas du tout semblable à celui qui jaillissait du combat initial : c'est un maître bien plus sophistiqué, compétent, un maître instruit par son expérience passée ; c'est un maître qui contient en lui l'ancien esclave qu'il a été. Il n'y a pas du tout la même maîtrise dans la domination de celui qui fut esclave, maintenu dans la domination de celui dont la force brute a donné la suprématie au moment du combat initial. Le réel est une succession de violences qui détruisent pour pouvoir créer. Mais c'est une succession progressive, qui s'accroît à chaque destruction, qui augmente la nouveauté du présent de tout ce qui a été renversé avant lui et s'y trouve contenu en étant tout à fait détruit. C'est une violence créatrice, c'est une violence successive. Vous le voyez, la violence est toute l'histoire ; toute l'histoire est faite de violence. En ce sens, Hegel est fondamentalement un héritier d'Héraclite :

« *Polemos* est le père et le maître de toutes choses, et de toutes choses le roi. »

Si vous regardez bien, vous verrez qu'il n'y a pas un seul état de votre existence qui n'ait été obtenu par la lutte et par la violence : par la violence contre vous-même, par la violence contre les autres, par la violence qui vous a mis à distance de ce qui pouvait garder en tutelle votre propre liberté. Notre vie est faite d'une succession de moments critiques. Et nous serions bien malheureux si nous espérions trouver une forme de repos paisible, si nous avions la nostalgie d'une inertie tranquille. Une vie sans violence : mais ce ne serait plus du tout la vie ! La vie est une succession de crises. Sans doute faut-il nous consoler avec cette évidence toute simple ; sans doute faut-il nous résigner à ce que la stabilité ne fasse pas partie de nos existences, comme elle ne fait pas partie de l'histoire de ce monde.

Peut-on rêver d'un monde sans violence ? On ne le peut qu'à une seule condition. Puisque l'histoire est violence, la seule condition pour rêver à un monde sans violence, c'est de rêver au monde qui arriverait à la fin de l'histoire, au moment où l'histoire s'achève. C'est sur ce moment-là qu'aboutit et que culmine toute l'œuvre de Hegel. Voilà ce que nous promet Hegel : cette succession de renversements violents, cette succession de destructions créatrices, n'est pas un jeu à somme nulle.

Il y a, par la violence, un progrès de la conscience de la liberté. Et tout ceci aura une fin, un point d'arrivée ; tout ceci aboutira à un renversement final. Et ce renversement final marquera la fin de l'histoire.

Nous pouvons rêver d'un monde sans violence, si nous commençons à rêver d'un monde qui sortirait de l'histoire, un monde dans lequel les péripéties de l'histoire humaine seraient définitivement terminées. L'un de ceux qui ont le plus directement, le plus clairement, le plus explicitement incarné, concrétisé la grande promesse hégélienne de la fin de l'histoire, c'est évidemment l'un des très grands lecteurs de Hegel, Karl Marx. Karl Marx est un hégélien. Lui aussi pense que l'histoire est dialectique, qu'elle est faite de luttes et de conflits. La première phrase du *Manifeste du parti communiste*, publié avec Engels, en 1848, le dit clairement :

« L'histoire de toute société jusqu'à nos jours est l'histoire de luttes des classes. »

Vous pouvez tout comprendre de l'histoire humaine si vous comprenez que l'histoire n'a qu'un seul moteur, une seule clé d'explication, un seul principe d'interprétation : ce qui se joue dans l'histoire, c'est un rapport de violence, la lutte des classes. Pour le dire de façon schématique, il y a deux classes sociales. Il y a ceux qui possèdent le capital, c'est-à-dire les moyens de produire la valeur nécessaire à nos vies, ce dont nous avons besoin pour nous alimenter, pour nous soigner, pour nous loger… Et de l'autre côté, ceux qui, ne possédant pas les moyens de production, n'ont d'autre ressource pour survivre que de vendre tout ce qui leur reste, c'est-à-dire leur force de travail. D'un côté « les capitalistes », les puissants, les dominants ; de l'autre côté « les prolétaires », les opprimés, les dominés. D'un côté ceux qui possèdent la condition de la survie ; de l'autre ceux qui, ne la possédant pas, sont contraints de vendre, pour vivre, leur propre corps, leur propre vie, leur force de travail – ceux qui sont contraints de dépenser leur vie à la gagner. D'un côté ceux qui dominent ; de l'autre les dominés. On peut répliquer ce clivage à l'infini. Il prend des formes très différentes selon l'histoire, il adopte des configurations singulières. Mais « toute l'histoire de l'humanité » est l'histoire de cette lutte, « toute l'histoire de l'humanité » se ramène à la confrontation entre deux classes sociales. Et vous pouvez trouver cette confrontation dans toutes les pages de l'histoire, quelles que soient celles que vous lisez ; tout s'explique par là.

Une fois cela posé, si tout s'explique dans l'histoire par ce moteur, il faut maintenant ouvrir la voie à la sortie de l'histoire. Il faut susciter la dernière péripétie, écrire la dernière page, organiser la dernière violence. C'est ce qu'on appellera la révolution, le renversement ultime.

« C'est la lutte finale :
Foule esclave, debout ! debout !
Le monde va changer de base :
Nous n'étions rien, soyons tout ! »

La révolution est une opération violente. C'est une violence assumée, parfaitement revendiquée. Il est nécessaire que cette violence ait lieu. Et encore une fois, lorsque le prolétariat écrira cette grande page de l'histoire, il ne faudra pas trop s'encombrer d'« écraser de petites fleurs innocentes sur le chemin ». C'est comme ça que l'histoire avance, par la violence. Mais dans ce dernier grand renversement, nous parviendrons, par la « dictature du prolétariat », à établir une « société sans classes ».

Qu'est-ce que ça veut dire, une « société sans classes » ? Cela veut dire qu'il n'y aura plus de capitalistes et de prolétaires, il n'y aura plus de dominants et de dominés, il n'y aura plus du tout de classes sociales. Et s'il n'y a plus de classes sociales, si toute la société est faite d'une seule classe, alors il n'y aura plus de lutte des classes. Le combat cessera faute de combattants. La « société sans classes », c'est la fin de la lutte des classes. Et puisque « toute l'histoire de l'humanité depuis les origines est l'histoire de la lutte des classes », la fin de la lutte des classes sera la fin de l'histoire. Ce que Hegel appelait « le dimanche de la vie » : tout sera achevé. Ce sera la fin de l'histoire. Voilà ce que toutes les philosophies de l'histoire du XIXe siècle se sont d'ailleurs échinées à chercher, à dessiner ; ce que toutes les grandes idéologies ont promis, ce à quoi elles ont toutes aspiré. Nous sortirons de l'histoire, et par conséquent, nous sortirons de la violence. Il n'y aura plus de luttes, plus de conflits sociaux, puisqu'il n'y aura plus qu'une seule classe sociale animée seulement par l'intérêt collectif. Il n'y aura plus de tensions, plus de rivalités ; au fond, il n'y aura plus d'actualité au sens que nous connaissons aujourd'hui. Pour être plus précis, les seules actualités qui resteront seront nos dernières découvertes en matière de science ou d'art, ou bien les derniers résultats sportifs. Voilà, on continuera de faire du sport, et pour cela, comme l'écrivait Cournot :

> « Si rien n'arrête la civilisation générale dans sa marche progressive, il doit aussi venir un temps où les nations auront plutôt des gazettes que des histoires ; où le monde civilisé sera, pour ainsi dire, sorti de la phase historique. » [1]

L'histoire sera terminée. Le monde sans violence, le seul monde dont on puisse rêver, c'est le monde qui sera sorti de l'histoire telle que nous la connaissons aujourd'hui. On ne gardera plus de grandes dates. Il n'y aura plus de grands moments, il n'y aura plus de grandes batailles, peut-être même plus de grands hommes. Nous vivrons une existence paisible, nous vivrons « le grand dimanche de la vie », c'est-à-dire un monde sans violence, mais ce monde sans violence c'est un monde sans histoires, littéralement. Puisqu'il n'y a pas d'histoire sans violence, on pourrait dire que tout le travail du marxisme a consisté à faire venir sur terre la promesse religieuse d'une sortie de l'histoire dans l'éternité du paradis.

Car bien sûr, le seul monde sans violence dont on puisse rêver semble être celui que la religion nous

---

1. Cournot, *Considérations sur la marche des idées et des événements dans les temps modernes,* 1872.

présente, ce monde d'après le monde, cette vie d'après la vie, cet « outre-monde » dont parle Nietzsche, dans lequel, comme le dit Isaïe, « le loup et l'agneau auront même pâture, le lion, comme le bœuf, mangera du fourrage ». Le monde sans violence, c'est le retour au jardin d'Éden ; le monde sans violence, c'est le paradis. Et le marxisme n'a rien fait d'autre que de nous promettre le paradis sur terre, c'est-à-dire de construire cette sortie de l'histoire ici-bas au lieu de l'attendre au-delà ; le marxisme n'a rien fait d'autre que, dénonçant la religion comme un opium du peuple, de tenter de créer les conditions pour que la promesse de la religion devienne la vérité de la vie terrestre des hommes. N'y a-t-il pas une forme de danger dans le fait de croire que cette promesse puisse un jour se réaliser ?

N'y a-t-il pas une erreur fondamentale dans le fait de raisonner sur la fin de l'histoire à partir de cette promesse religieuse ? Et d'ailleurs, ne faut-il pas de ce point de vue-là tenter de distinguer soigneusement le rêve religieux du paradis de la réalité terrestre sur laquelle nous devons agir ?

Peut-être, au lieu de rêver d'un monde sans violence, faudrait-il se résigner à ce que la violence – de manière aveugle, sans servir aucun progrès, sans aucune amélioration –, une violence qui n'a pas de sens, pas même celui d'une révélation progressive de la liberté dans l'histoire, la violence brute, stupide, soit la condition humaine. Après tout, c'est sans doute ce sur quoi la politique doit se fonder si elle veut être raisonnable. Rien ne serait plus dangereux, et rien n'a été plus dangereux, que de confier la politique à de grands idéalistes qui rêvaient d'un monde sans violence. Il suffit de regarder ce qu'a été le résultat des grandes idéologies. Bien sûr, il ne suffit jamais de se fonder sur des expériences pour dénoncer des concepts…

« Les faits ne pénètrent pas dans le monde où vivent nos croyances »[1], écrit Proust.

Bien sûr, on n'évacue pas le marxisme en expliquant que ceux qui s'en sont revendiqués ont produit des catastrophes. Et pourtant, sans doute faut-il aussi se laisser un peu alerter ! N'y a-t-il pas, dans le rêve d'un monde sans violence, le moyen le plus sûr de finir par la maximiser, la pousser à son paroxysme ? Ne faut-il pas, si l'on veut se préserver de la violence, commencer par reconnaître qu'elle est, de manière permanente, notre propre condition terrestre ; que nous vivrons toujours dans la menace de la violence, sans aucune espèce de guérison ultime qui en libérerait une société ; et que ce qui compte, ce n'est pas de rêver d'un monde sans violence mais de construire un monde qui nous permette d'en être le plus simplement, le plus concrètement, le plus efficacement protégés ? Voilà au fond ce qui fait la grande distinction que nous propose Max Weber, dont je vous ai déjà brièvement parlé lors de notre soirée sur la responsabilité.

---

1. Marcel Proust, *Du côté de chez Swann*, Gallimard, 1913.

Max Weber, je vous le disais de manière très brève, c'est cet auteur qui, en 1919, dans une conférence célèbre intitulée « Le métier et la vocation de politique », a distingué les deux formes de l'éthique que le politique peut rencontrer. Il y a d'un côté une éthique absolue, une morale absolue fondée sur des principes, une morale que l'on peut lire de manière radicale, par exemple dans la religion, par exemple dans l'Évangile. La morale de l'Évangile dit :

« Tu ne tueras pas. »

C'est une règle absolue : tu ne tueras jamais. C'est la morale déontologique, dont nous parlions ensemble lors de notre dernière soirée. D'un côté une morale des principes, une morale des convictions, une « éthique de la conviction » ; et puis de l'autre côté une tout autre forme d'éthique, celle qui se préoccupe des conséquences, qui regarde l'effet réel de nos actes, une « éthique de la responsabilité ». « Éthique de conviction », « éthique de la responsabilité ». Du point de vue de l'« éthique de conviction », la violence est forcément un mal : il faut ne jamais pactiser avec elle, ne jamais s'accommoder d'elle, ne jamais s'y résigner. Pour l'« éthique de conviction », nous devons poursuivre un idéal absolu, qui ne renonce jamais, qui ne se compromet en rien. Du point de vue de l'« éthique de responsabilité », si vous voulez vous prémunir de la violence vous devez savoir qu'elle existe, et vous devez commencer par accepter d'être violent à votre tour pour pouvoir l'éviter – pour éviter de vous en trouver la victime, vous devrez parfois en être l'auteur. Il y a là un point de bifurcation. Peut-on rêver d'un monde sans violence? Oui, dirait Weber: c'est une option légitime, et tout à fait sympathique. On peut rêver d'un monde sans violence, mais alors il faut soigneusement s'abstenir de faire de la politique, parce qu'on risque d'être très rapidement en conflit avec la réalité. Je cite Weber:

« Le Sermon sur la montagne – j'entends par là l'éthique absolue de l'Évangile – est une chose beaucoup plus sérieuse que ne le croient ceux qui de nos jours citent volontiers ses commandements. On ne plaisante pas avec elle. (...) Elle n'est pas un fiacre que l'on peut faire arrêter à son gré pour y monter ou en descendre suivant le cas. À moins de n'y voir qu'un recueil de trivialités, l'éthique de l'Évangile est une morale du "tout ou rien". (...) Le commandement de l'Évangile est inconditionnel et univoque: donne tout ce que tu possèdes – absolument tout, sans réserve. L'homme politique dira que ce commandement n'est qu'une exigence sociale irréalisable et absurde aussi longtemps qu'il ne s'applique pas à tout le monde. En conséquence l'homme politique proposera la suppression de la propriété par taxation, imposition, confiscation – bref, la contrainte et la réglementation dirigées contre tout le monde. Mais le commandement éthique ne se soucie absolument pas de cela, c'est là son propre. Il dit encore: "Présente l'autre joue!" Immédiatement, sans même demander à l'autre pourquoi il croit devoir te frapper. Éthique sans dignité, dira-t-on. Oui – sauf pour le saint. Car c'est bien cela: il faut être un saint en tout, ou du moins vouloir l'être, et vivre comme Jésus, les Apôtres, saint François d'Assise et ses pareils, car alors elle a un sens et exprime une dignité. Dans le cas contraire elle n'en a pas. Par conséquent, si l'éthique a-cosmique de l'amour (a-cosmique parce que c'est une éthique qui est d'une certaine manière hors du monde, qui ne s'embarrasse pas de l'état du monde), si l'éthique a-cosmique de l'amour nous dit : "Ne résiste pas au mal par la force", l'homme politique au contraire dira : "Tu dois t'opposer au mal par la force, sinon tu es responsable de son triomphe." »

« Par la force » : entendez évidemment par-là, non pas la force paisible et tranquille, mais la violence. « Ne résiste pas au mal par la violence », dit l'éthique de l'Évangile. Voilà ce qu'on appelle rêver d'un monde sans violence : rêver d'un monde dans lequel, tous les hommes s'étant convertis au bien, la violence n'existerait plus. Voilà ce monde dans lequel on peut aspirer au « dimanche de la vie ». Et qu'est-ce que le dimanche, sinon le jour du Seigneur, le jour de ce paradis enfin reconquis sur la terre ou dans les cieux ? Voilà un monde sans violence tel que nous pouvons l'espérer. Mais le politique, lui, c'est-à-dire chacun d'entre nous en tant que nous sommes responsable de ce monde, doit regarder les choses avec lucidité. Et si l'éthique de l'Évangile nous dit, du point de vue des convictions : « Ne résiste pas au mal par la violence », le responsable politique, lui, dira : je suis comptable des conséquences, et je dois résister au mal par la violence pour éviter que le mal ne triomphe. C'est même ce qui définit la politique en tant que telle.

On ne peut pas rêver d'un monde sans violence si l'on fait de la politique, parce que la politique n'est rien d'autre que de la violence. C'est même sa définition. Non au sens où on pourrait l'entendre spontanément, celui des joutes médiocres entre les individus qui s'y livrent ; mais au sens où la politique consiste à pactiser avec la violence. Qu'est-ce qui définit en effet le politique ? Qu'est-ce qui fait la définition de l'État ? À quoi reconnaît-on un État ? Ce n'est pas si simple. Est-ce que l'État se définit par ses buts, par exemple le fait qu'il veut assurer la sécurité, ou bien permettre l'éducation, promouvoir la santé, développer la juste répartition des richesses ? Pas du tout ! Beaucoup de personnes privées peuvent se donner ces objectifs, et peuvent même les mener à bien d'une manière plus efficace que beaucoup d'États. L'État ne se définit pas par ses buts. Il peut partager de tels objectifs avec bien des acteurs privés. Non ! Ce qui définit l'État, dit Weber, c'est son moyen, le « moyen qui lui est propre » ; et ce moyen, c'est la violence, revendiquée comme légitime. Comme l'écrit Weber :

« L'État est le groupement humain qui, sur un territoire donné, revendique avec succès pour son propre compte le monopole de la violence physique légitime. »

Cette définition décisive est bien souvent citée de façon très approximative, au point de donner lieu à des contresens dangereux. Il faut la relire avec soin ; tous les mots ont leur importance. Il faut concevoir l'État contemporain comme une communauté humaine qui, dans les limites d'un territoire déterminé – la notion de territoire étant une de ses caractéristiques – « revendique avec succès pour son propre compte le monopole de la violence physique légitime. »

D'abord, l'État est une communauté humaine : ce n'est pas une abstraction. L'État, ce sont des personnes, des administrations, une bureaucratie, des institutions, ce sont des responsables. L'État est une organisation humaine, et cette organisation est liée à un territoire donné : c'est le caractère moderne de l'État qui veut cette assimilation de l'État à un territoire. Les formes politiques ont toujours eu un lien avec la violence, mais c'est désormais dans un rapport territorial précis que ce lien se construit. Sur ce territoire, l'État revendique avec succès, pour son propre compte, le monopole de la violence physique légitime. « Légitime », cela ne veut pas dire qu'elle l'est toujours, bien sûr : Weber ne se prononce pas de manière abstraite sur la question de savoir si la violence de l'État est toujours légitime. Il dit que l'État est le groupe humain qui exige et obtient de se voir reconnaître de manière exclusive un recours légitime à la violence physique. Le monopole : cela ne veut pas dire que l'État est le seul à faire usage de violence, bien sûr ; beaucoup de personnes le font. Mais cette violence n'est pas reconnue comme légitime si elle ne procède pas du commandement de l'État. Et quand c'est l'État qui la détermine, elle prend un tout autre statut. Si vous prenez de l'argent à votre voisin, ça s'appelle un vol ; si l'État vous prend de l'argent, ça s'appelle un impôt… *(rires)* Si vous séquestrez votre voisin, c'est une privation arbitraire de liberté ; si l'État vous séquestre ça s'appelle une peine de prison. C'est de la violence physique, bien sûr, il n'y a pas à hésiter. Et Weber est très clair en employant ce mot. Il ne dit pas que l'État revendique avec succès pour son propre compte le monopole de la force publique. Non, il dit bien : « de la violence physique légitime ».

Prenez le débat sur la question des « violences policières » : comment un État pourrait-il tenir s'il ne choisissait pas, lorsqu'il est menacé (directement ou indirectement), de mettre en œuvre de la violence ? Mais cette violence est revendiquée comme légitime, et cela détermine les finalités et le cadre auxquels elle doit être subordonnée. Max Weber ne se prononce pas sur le fait de savoir si elle l'est ou non. Il dit que ce qui distingue la violence du policier de la violence de l'émeutier, c'est que la violence du policier est assumée comme une « violence légitime » dont lui seul devrait posséder « le monopole », quand la violence de l'émeutier, elle, est illégitime. Il n'y a pas deux gangs qui s'affrontent, il n'y a pas deux bandes l'une contre l'autre : il y a l'État contre le reste. La violence est donc le moyen propre qui définit la politique ; la politique se définit par le fait qu'elle est la mise en œuvre de la violence : à quoi reviendrait d'élire un président de la République qui serait pacifiste au point de dire : jamais je ne conduirai la moindre guerre, jamais je ne ferai que le moindre soldat soit tué ? Si vous élisez un président de la République qui dit cela, votre pays est envahi dans les vingt-quatre heures qui suivent. La condition de la politique, c'est d'être capable de la violence. Imaginez un État qui dirait maintenant : nous ne porterons jamais la main sur personne – ni un policier, ni un gendarme n'usera de la moindre violence envers qui que ce soit. Le soir même, l'Élysée est pris. Vous ne pouvez défendre les institutions que si vous assumez le principe d'employer la violence. Que serait un État – surtout chez nous, bien sûr – qui dirait : je ne vous prendrai pas un centime ? Eh bien c'est fini, il n'y a plus d'État. Or c'est une violence physique de vous prendre de l'argent, parce que c'est le fruit de votre travail, de votre effort. Vous vous êtes usé à travailler pour l'obtenir, et voilà que l'État vous le prend. Il vous prend donc non pas votre argent, mais une partie de votre vie : il vous prend votre santé, il vous prend votre énergie. Mais c'est une « violence revendiquée comme légitime » et, à moins d'être totalement anarchiste, nous reconnaîtrons que cette violence est nécessaire. Reprenons avec Max Weber :

« "Tout État est fondé sur la force", disait un jour Trotsky. En effet, cela est vrai. S'il n'existait que des structures sociales d'où toute violence serait absente, le concept d'État aurait alors disparu et il ne subsisterait que ce qu'on appelle, au sens propre du terme, l'"anarchie". La violence n'est évidemment pas l'unique moyen normal de l'État – cela ne fait aucun doute – mais elle est son moyen spécifique. De nos jours [et cette formule semble être d'une vérité particulière], la relation entre État et violence est tout particulièrement intime. Depuis toujours les groupements politiques les plus divers ont tous tenu la violence physique pour le moyen normal du pouvoir. »

Évidemment, vous l'avez bien compris, ce n'est pas une manière de dire que l'État est structurellement brutal. Mais le fait est que, pour protéger la société de la violence, il faut que l'État concentre le monopole d'une violence reconnue comme légitime. Si vous êtes idéaliste, si vous croyez que la violence doit disparaître de ce monde, ne touchez pas à la politique, dit en substance Max Weber. La politique consiste à répondre au mal par le mal, à employer la violence pour combattre la violence. Et l'on trouve ce même avertissement, lucide et inquiétant, chez un auteur redoutable qui s'appelle Machiavel.

Machiavel a poussé cette intuition le plus loin possible : la politique est le seul remède à la violence. Mais comme en médecine, il faut déterminer entre deux méthodes thérapeutiques : la stratégie allopathique combat la maladie par son contraire ; la stratégie homéopathique endigue le mal par le mal lui-même. Pour Machiavel, il ne fait aucun doute que la politique relève de cet ordre : la violence qu'elle tente de contenir ne se combat que par la violence. Quel est le point de départ de Machiavel ? La pire des choses qui puisse arriver, c'est que le pouvoir perde le pouvoir ; parce qu'alors, la guerre civile arrive sur les décombres de l'État. Si vous êtes le prince, si vous possédez le pouvoir, alors votre premier devoir, de manière inconditionnelle, ce n'est pas de faire du bien aux gens, d'être doux avec eux, non ! Votre premier et absolu devoir, c'est de garder le pouvoir. Parce que si vous perdez le pouvoir, tout le monde devient dangereux pour tout le monde ; si vous perdez le pouvoir, c'est la guerre de tous contre tous. Pour empêcher cela, il faut que l'État soit. Le propre de l'État, c'est qu'il trouve sa propriété essentielle dans le seul fait d'être. L'État, c'est ce qui est, c'est ce qui doit être. Il suffit que le prince soit au pouvoir pour que nous soyons préservés de la violence généralisée. Mais pour que le prince reste au pouvoir – étant donné la perversité des hommes, étant donné leur méchanceté, leur cupidité –, il va lui falloir être habile. Il y a deux ressorts pour rester au pouvoir, entre lesquels il faut choisir : être aimé ou être craint. Ce sont les deux manières par lesquelles vous pouvez continuer de vous imposer. Si vous êtes un grand virtuose, vous pouvez réussir les deux. Mais c'est très rare de réussir les deux. Entre les deux, lequel choisir ? À votre avis ? Qu'est-ce qui sera le plus sûr ? Évidemment, être craint. Machiavel, donnant des conseils au prince, le reconnaît clairement :

« On peut répondre que le meilleur serait d'être l'un et l'autre. Mais, comme il est très difficile que les deux choses existent ensemble, je dis que, si l'une doit manquer, il est plus sûr d'être craint que d'être aimé. On peut, en effet, dire généralement des hommes qu'ils sont ingrats, inconstants, dissimulés, tremblants devant les dangers et avides de gain. (…) Le prince qui se serait entièrement reposé sur leur parole, et qui, dans cette confiance, n'aurait pas pris d'autres mesures, serait bientôt perdu ; car au moment d'employer ces amitiés, elles manqueront toujours. On a beaucoup moins peur d'offenser celui qui se fait aimer que celui qui se fait craindre ; car l'amour tient par un lien de reconnaissance bien faible pour la perversité humaine, et qui cède au moindre motif d'intérêt personnel ; au lieu que la crainte résulte de la menace du châtiment, et cette peur ne s'évanouit jamais. »

De fait, il faut savoir manier le mal afin d'être assez craint pour ne pas perdre le pouvoir. Il faut savoir aussi bien employer le bien que le mal, et souvent plutôt le mal que le bien (y compris l'injustice, y compris le caractère arbitraire de la violence qu'on inflige, quand elle suffit à susciter la terreur qu'il faut inspirer). Le chapitre VII du *Prince* en donne un exemple frappant :

« Parce que cet épisode est digne de renommée et d'être par d'autres imité, je ne veux pas le laisser de côté.

Après que le duc [le duc Borgia] eut occupé la Romagne, il trouva que cette province avait été dirigée par des seigneurs impuissants, lesquels avaient dépouillé plutôt que dressé leurs sujets et leur avaient donné matière à désunion, non pas à union, au point que cette province était pleine de vols, de querelles et de toutes autres sortes d'insolences ; et il pensa qu'il était nécessaire, pour la réduire à être pacifique et obéissante, de lui donner un bon gouvernement. À quoi il proposa messire Remy d'Orque, homme cruel et expéditif auquel il donna pleine puissance. Celui-ci en peu de temps remit le pays en tranquillité et union, à son très grand honneur. Mais ensuite Borgia, estimant qu'une si excessive autorité n'était plus de saison, et redoutant qu'elle ne devînt odieuse, établit un tribunal au milieu de la province, avec un président, où chaque ville avait son avocat. Et, comme il savait bien que les rigueurs passées lui avaient valu quelque inimitié, pour en purger les esprits de ces peuples et les tenir tout à fait en son amitié, il voulut montrer que, s'il y avait eu quelque cruauté, elle n'était pas venue de sa part, mais de la mauvaise nature du ministre. Prenant là-dessus l'occasion au poil, il le fit un beau matin, à Cesena, mettre en deux morceaux, au milieu de la place, avec un billot de bois et un couteau sanglant près de lui. La férocité de ce spectacle fit demeurer le peuple en même temps content et stupide. »

Cela, pour Machiavel, c'est du génie à l'état pur ; c'est l'art politique poussé à son sommet ! Vous devez mater une province qui est devenue rebelle. Vous envoyez le pire mercenaire. Il met la province à feu et à sang, tout le monde en est terrorisé : vous êtes craint. Et une fois que vous avez été un peu loin dans cet excès de violence, vous voulez aussi être aimé. Et vous rendez responsable de cet excès de brutalité celui que vous aviez nommé exactement pour cela. Borgia fait découper en deux son propre mercenaire, devant le peuple rassemblé tout entier qui se dit : ce prince est terrifiant et sympathique. « Ce spectacle fit demeurer le peuple à la fois content et stupide. » Extraordinaire manipulation de la violence pour pouvoir éviter la violence ! Parce que de toute façon, vous pouvez être le plus grand idéaliste du monde, à la fin, la violence est le lot de l'expérience humaine. Et si vous êtes trop bon, vous allez causer plus de mal en perdant votre pouvoir, que si vous l'aviez gardé même par de mauvais moyens.

« Je dis que tout prince doit désirer d'être réputé clément et non cruel. Il faut pourtant prendre garde de ne pas user mal à propos de la clémence. César Borgia passa donc pour cruel, mais c'est à sa cruauté qu'il dut l'avantage de réunir la Romagne à ses États ; et de rétablir dans cette province la paix. (…) Quand il s'agit de contenir ses sujets dans le devoir, on ne doit pas se mettre en peine du reproche de cruauté, d'autant qu'à la fin le prince se trouvera avoir été plus humain, en faisant un petit nombre d'exemples nécessaires, que ceux qui, par trop d'indulgence, encouragent des désordres et provoquent finalement le meurtre et le brigandage. Car ces tumultes bouleversent tout l'État, au lieu que les peines infligées par le prince ne portent que sur quelques particuliers. »

Celui qui rêve d'un monde sans violence, ne le mettez surtout pas au pouvoir, parce que cet idéaliste va, s'il refuse d'employer la violence, de combattre le mal par le mal, laisser le mal prospérer. Cette conclusion magnifique, que l'on retrouve dans le chapitre XV, mérite d'être retenue :

« Beaucoup d'hommes se sont imaginé des républiques et des principautés qu'on n'a jamais vues ni jamais connues existant dans la réalité. Mais à quoi servent ces imaginations ? »

À quoi bon rêver d'un monde idéal ? nous dit Machiavel. En évoquant ceux qui ont écrit avant lui, il fait allusion à *La République* de Platon, comme à tant d'œuvres de la philosophie politique classique qui ont concentré leur effort sur la description de la « cité idéale ». Mais à quoi bon penser la cité idéale ? Ce qui compte, c'est de regarder la politique réelle, telle qu'elle se fait. À quoi bon penser la politique telle qu'on devrait la faire ? Ce n'est pas avec des rêves, un idéal abstrait, que l'on pourra conseiller le prince aux prises avec la réalité, mais en la regardant telle qu'elle est :

« Il y a si loin de la manière dont on vit de la manière dont on devrait vivre, que celui qui laisse ce qui se fait pour ce qui devrait se faire, apprend plutôt à se détruire qu'à se préserver. Et par conséquent, il faut qu'un homme qui veut faire profession d'être tout à fait bon parmi tant d'autres qui ne le sont pas, périsse tôt ou tard. »

Peut-on rêver d'un monde sans violence ? Si vous vivez dans un rêve, pour un idéal, si vous vivez pour la morale et la vertu, alors vous êtes très loin du réel et, en politique, vous êtes sûr de mourir bientôt. La vérité est que, nous le savons tous, ce qui nous protège de la violence c'est d'abord la capacité qu'a l'État de mettre, entre nous et ce qui nous menace, une autre violence, pour pouvoir éviter le danger. C'est là le point de départ de toute la philosophie politique moderne.

Au fond, c'est parce que nous sommes des dangers les uns pour les autres que nous avons besoin de la violence de l'État. C'est ce que nous montre le travail de Thomas Hobbes. Qu'est-ce que l'état de nature de l'homme ? Qu'y a-t-il avant l'État ? Qu'y a-t-il avant le droit ? Avant la loi ? Avant la police, la justice, les magistrats et les prisons ? Imaginons une seule seconde que l'on vous dise que l'État a disparu, qu'il a failli. Quelle est la première chose que vous ferez ? Vous irez tout de suite vérifier que votre serrure ferme bien à double tour. Pourquoi ? Parce que vous savez que maintenant la seule chose qui vous protège de la violence des humains, c'est la serrure de votre porte. Vous savez que les hommes sont violents. Vous le savez tellement bien que si l'on vous apprenait maintenant que l'État n'existe plus, vous en déduiriez instantanément que tous les hommes qui vous entourent deviennent un danger potentiel pour vous.

Hobbes résume cette intuition en repenant une formule de Plaute : dans l'état de nature, dans son état naturel, « *homo homini lupus* » – l'homme est un loup pour l'homme.

Et c'est la raison pour laquelle nous construisons l'État. Nous créons l'État précisément pour qu'il concentre toute la violence de la société, et qu'ainsi il nous tienne tous ensemble en respect.

Qu'est-ce qui fait que vous êtes sûr que votre voisin ne va pas vous voler tout ce que vous possédez avant la fin de cette conférence ? Vous en êtes sûr, c'est vrai, c'est un fait ; mais pour quelle raison ? Eh bien, non pas parce que vous connaissez votre voisin et que, en sondant le fond de son cœur, vous connaissez son attachement à des principes moraux absolus et intangibles. Peut-être ne le connaissez-vous pas ? Ou peut-être d'ailleurs le connaissez-vous trop bien ? Quoi qu'il en soit, vous êtes sûr, même si vous savez la noirceur ténébreuse de son âme, qu'il ne va pas vous voler tout ce que vous possédez, bien qu'il en ait très envie, parce que vous savez qu'il sait que la police existe. Et que, si jamais il vous vole, il aura affaire à elle.

Je sais que vous n'allez pas tenter de m'assassiner avant la fin de cette soirée, même si ce que je dis devait vous déplaire souverainement – non pas parce que je crois que vous êtes d'une bonté absolue, ou parce que je postule une bienveillance sans faille dans les rapports humains (même si j'ai a priori plutôt de l'estime et de l'amitié pour vous, bien sûr, mais enfin tout ça peut se retourner très vite, n'est-ce pas ?), non – je sais que vous n'allez pas tenter de m'assassiner pour une seule et unique raison : c'est que je sais que personne d'entre vous n'a envie de passer des années en prison. Et voilà ce qui me protège. Pour le dire autrement, ce qui nous préserve de la violence, c'est la violence.

Ce qui nous protège de la violence, c'est que nous savons tous que l'État est là pour exercer la violence que nous lui avons déléguée. Le pacte social originaire, dit Hobbes, par lequel l'État existe, consiste à dire que nous confions tout notre droit de nature – c'est-à-dire toute notre capacité de faire violence aux autres – à l'État. Et lui d'ailleurs ne contracte pas, lui ne fait pas partie du pacte, lui reste dans l'état de nature. D'ailleurs il peut tout faire comme avant ; il peut tout faire comme quelqu'un qui ne serait soumis à aucune règle, à aucune loi, qui n'aurait contracté avec personne, qui ne se serait engagé à rien. L'État peut vous prendre votre bien. Il peut vous prendre votre vie : il peut décider de rétablir demain un service militaire de trois ans. Il peut très bien décider de vous envoyer à la guerre, où peut-être vous mourrez. Il peut vous condamner à la prison à perpétuité s'il estime que c'est juste. Il pourrait vous condamner à mort. Vous me direz, la peine de mort n'existe plus en France. Mais si demain elle est rétablie, c'est l'État qui le décidera à travers ses institutions, comme il a décidé de s'abstenir d'utiliser ce moyen. Et le jour où l'État décidera de rétablir la peine de mort, vous aurez beau y être personnellement opposé, vous y passerez comme les autres si vous y êtes condamné. L'État peut tout. Et c'est parce l'État peut tout qu'il nous terrifie. Et c'est parce qu'il nous terrifie que nous nous tenons à carreau, et que nous restons bien tranquilles. Nous avons renoncé à notre liberté au profit de notre sécurité. Nous avons fait un pacte avec l'État. Et ce pacte avec l'État, c'est un pacte avec la violence dont l'État a désormais le monopole pour faire en sorte que tous, sous le Léviathan dont parle Thomas Hobbes, ce monstre terrifiant qui nous regarde de ses mille têtes, pour que tous nous puissions nous tenir bien calmes et bien sages. Le seul moyen d'éviter la violence, ce n'est pas de rêver d'un monde sans violence, c'est d'organiser la violence, c'est de l'organiser politiquement. C'est ce que nous montre aussi un auteur qui éclaire la philosophie à partir de son expérience militaire, Carl von Clausewitz.

Clausewitz est l'un des plus grands penseurs de la guerre. Quel est le plus grand phénomène de violence humaine, sinon la guerre ? Ses travaux sur la stratégie ont sans aucun doute été parmi les plus influents dans l'histoire de la pensée militaire. Mais Clausewitz n'est pas seulement un tacticien : il pense d'abord la guerre à partir de son contexte, à partir de la politique. La plupart des traités de stratégie s'attachent à la meilleure manière de remporter une bataille, de composer avec le terrain, d'obtenir les renseignements nécessaires pour ajuster le mieux possible ses propres décisions tactiques. Bref, ce sont des pensées de la conduite de la guerre. Et Clausewitz ne fait pas exception : lui aussi, en bon stratège, s'attache à tous ces détails. Mais ce qui nous intéresse le plus, c'est qu'il fait de la guerre l'un des lieux d'une totalité plus grande que l'on appelle la politique. Celui qui fait la guerre a un but de guerre (*Zweck* en allemand). Mais ce but de guerre n'est pas la finalité de la guerre. La victoire sur l'adversaire, le fait d'emporter la bataille, n'est pas la finalité de la guerre. Toute guerre a une finalité, un but au-delà du but ; toute guerre a un dessein au-delà de la bataille à remporter : reconquérir une province, assurer l'autonomie de son pays, obtenir un accès à la mer... Toute guerre s'inscrit dans le contexte d'une décision politique. Et on ne peut comprendre son adversaire, tenter de deviner ses intentions dans le brouillard de la guerre, que si l'on sait que la guerre est un fait politique. Comme l'écrit Clausewitz :

« La guerre, c'est de la politique continuée par d'autres moyens[1]. »

1. *De la guerre*, Minuit, 1955.

La guerre est donc d'abord de la politique menée avec des moyens spécifiques. Bien sûr, ces moyens sont très singuliers. La guerre, dans sa dimension empirique, est le lieu d'une violence extrême. Mais cette violence doit absolument rester un moyen de la politique. Car si la guerre devient le but, si gagner la guerre devient en soi le but politique, alors la violence n'a plus de limite. En étant extérieur à la guerre, l'objectif politique qui la met en œuvre comme un moyen empêche que la violence ne soit la totalité, l'essentiel, la finalité qui détermine le combat. Le but de guerre est l'élément d'une rationalité politique. Si gagner la guerre devient la seule finalité, alors on observera ce que Clausewitz s'inquiétait de repérer dans l'évolution de la guerre, et qu'il appelait le risque de la « montée aux extrêmes ». Quand la guerre n'obéit plus à une finalité politique mais qu'elle devient un but en soi, quand la violence n'est plus un moyen de la politique, mais que gagner la guerre devient le but politique, quand toute la politique s'organise autour de l'effort de guerre, alors la guerre engendre cette « montée aux extrêmes ».

Clausewitz avait pour objet les premières guerres révolutionnaires au moment de la Révolution française. Et il observait que, pour la première fois, la guerre avait changé de nature. Ce n'était plus une guerre entre des puissances coalisées, entre des rois qui se battaient pour pouvoir, à travers la conquête d'une province ou le déplacement d'une frontière, modifier un intérêt stratégique, obtenir un résultat politique, non ! C'était soudainement une guerre qui témoignait de son rôle dans une lutte pour la reconnaissance, dans la volonté de faire prévaloir une forme politique sur une autre. Et cette guerre déjà signifiait le risque d'une « montée aux extrêmes ». La prédiction de Clausewitz s'est trouvée terriblement vérifiée, bien sûr, par tout le XXe siècle et par les deux guerres mondiales, des guerres dans lesquelles il ne s'agissait plus d'avoir un but de guerre précis, mais seulement de remporter la victoire quel qu'en soit le prix. Si vous voulez gagner une parcelle de territoire, vous savez ce que vous êtes prêt à mettre sur la table pour l'emporter, et vous savez aussi ce que vous n'êtes pas prêt à mettre sur la table, vous savez où vous vous arrêterez. Votre but constitue la mesure de l'effort que vous consentirez. Mais si la guerre devient votre but, si gagner la guerre devient votre seul objectif, si la guerre n'a plus de fin hors d'elle-même, alors elle devient totale. Et c'est la « montée aux extrêmes ». Rien n'est plus terrifiant que de combattre un ennemi qui, dans la guerre, n'a pas de but de guerre.

C'est ce qui arrive à nos sociétés avec le phénomène terroriste. Comment se défendre contre un adversaire qui ne veut pas gagner la bataille, qui ne veut pas sortir vivant du combat ? Une guerre qui échappe à la politique n'est que l'autre lieu de la « montée aux extrêmes » d'une violence pure et gratuite, qui échappe à notre pouvoir. Ici se dessine, dans les pages de Clausewitz sur la guerre, ce qui me semble être une intuition fondamentale.

On ne peut pas rêver d'un monde sans violence, on ne peut que tenter de construire un monde moins violent. Et par quoi peut-on construire un monde moins violent, sinon par la politique ? Le remède à la violence de la guerre, c'est de maintenir la guerre dans le cadre de la politique, de la garder comme un instrument de la politique, et par là de faire en sorte que la politique ait toujours le pouvoir sur la violence. Le remède que Hobbes propose à la violence qui traverse nécessairement la société, c'est la construction politique. Mais la politique ne peut se résigner à être une guerre continuée par d'autres moyens, une violence exercée pour éviter plus de violence. La politique devrait parvenir à contenir la violence, en organisant dans la société ce qui permet de l'endiguer, et qui est l'autre de la violence, c'est-à-dire : le pouvoir.

Et cela, c'est la dernière philosophe que je voudrais citer ce soir qui nous l'enseigne : Hannah Arendt a médité de façon très approfondie sur la question de la violence, à laquelle elle a consacré un essai, intitulé *Du mensonge à la violence*. Elle commence par reconnaître une continuité évidente entre violence et politique.

« Bien sûr, il y a une utilisation politique de la violence. »

Bien sûr, il y a dans la politique une rencontre nécessaire avec la violence. Et pourtant, malgré cette certitude (sur laquelle nous reviendrons), il faut affirmer avec clarté une distinction essentielle :

« La politique et la violence sont le contraire l'une de l'autre. »

La politique et la violence sont l'exact inverse l'une de l'autre. Pourquoi ? Eh bien parce que :

« La violence est de l'ordre de la nécessité. »

Et l'ordre de la nécessité est exactement le contraire d'un ordre humain. L'homme naît dans un monde marqué par la nature : et elle appartient effectivement à l'ordre de la nécessité. Nécessité des lois physiques et biologiques qui rendent les phénomènes naturels récurrents et prévisibles : la forme de cette nécessité, c'est la figure du cercle, du retour permanent du même. Les contraintes de la matière et de la vie font que, dans la nature, ce qui est inerte ou organique sera toujours le même, suivra toujours les mêmes règles, la même nécessité naturelle. D'où le retour permanent du même dans la nature. Dans cet ordre de nécessité, la singularité humaine consiste à produire de la contingence, à susciter par l'action l'espace d'une liberté, à écrire une histoire, c'est-à-dire à introduire une nouveauté. Seul l'homme peut changer le monde – le monde naturel, lui, ne cesse de se répéter –, seul l'homme introduit dans ce cercle de la nature les lignes droites de son action.

D'un côté, donc, ce qui est inhumain, littéralement, et qui est du côté de la nécessité ; de l'autre, ce qui est humain, et qui est de l'ordre de la liberté. De quel côté est la violence ? La violence est évidemment du côté de la nécessité. La violence, c'est ce par quoi je peux vous imposer de faire ce que vous ne voulez pas faire, ce par quoi je peux vous contraindre, c'est-à-dire ce par quoi je peux anéantir votre liberté. La violence est de l'ordre de la contrainte – la contrainte étant ce qui veut annuler toute contingence, anéantir le possible.

En ce sens, la contrainte est tout à fait différente de ce qui se joue dans l'ordre politique. Du côté de la politique, c'est-à-dire de la loi, nous n'avons pas affaire à des contraintes, mais à des obligations. Quelle est la différence entre les deux ? La contrainte, ce sont les quatre murs d'une pièce dans laquelle vous êtes enfermé : vous auriez beau vouloir sortir, vous ne le pouvez pas. L'obligation, c'est le feu rouge devant lequel vous arrivez : si vous le voulez, vous pouvez démarrer et passer outre le feu rouge : bien sûr, vous violez une obligation ! Mais respecter l'obligation implique votre consentement ; elle se présente à vous comme ce qui exige votre propre réponse. En ce sens, l'obligation qui vous est faite suppose votre liberté. Dans les faits, il est possible de l'enfreindre. Bien sûr, cela ne veut pas dire que vous êtes libre d'une liberté gratuite et vide. Il y a bien un certain ordre, un ordre politique : celui des lois, celui des règles. Mais cet ordre est un ordre d'obligation, et non pas un ordre de contrainte. La contrainte, c'est celle que le brigand exerce sur vous lorsqu'il dégaine un revolver et vous dit : la bourse ou la vie ! L'obligation, c'est ce qui est exigé de vous à travers une feuille d'impôts. Évidemment, il n'y a rien là-dedans de facultatif ; la politique n'est pas le lieu d'une liberté absolue, encore une fois. Il y a bien une obligation. Mais il y a aussi une liberté dans l'acte de répondre à cette obligation qui vous est présentée.

La violence, elle, est de l'ordre de la nécessité, et donc de l'ordre de l'inhumain. Elle ramène à la pure brutalité, c'est-à-dire, d'une certaine manière, à la bestialité. La violence se fait sans parole. Si le propre de l'humain est de parler, la violence est inarticulée : elle n'engage aucun dialogue. Et c'est seulement après coup que l'on parlera de la violence, pour tenter de la justifier, ou bien pour la dénoncer comme étant injustifiable. La violence, elle, ne parle pas. Elle se trouve dans son simple effet, dans son fait brut, pur, immédiat. Et c'est la raison pour laquelle il y a une différence majeure entre la violence et la politique ; entre la violence et ce qu'Arendt appelle le pouvoir – le pouvoir, c'est-à-dire l'organisation du pouvoir, l'organisation politique. Pour que l'obligation s'impose, elle a besoin du consentement, celui du citoyen mais aussi de la cité, de la société, d'une forme d'adhésion du nombre. Le pouvoir ne se fonde jamais tout seul. La violence se fonde toute seule, mais le pouvoir non. Le pouvoir – et c'est paradoxalement ce que savait très bien Machiavel – peut se dissoudre si le peuple n'y consent plus, si plus personne n'y consent. Le pouvoir est une réalité humaine, en ce sens qu'il s'organise à travers la société. La violence est une réalité inhumaine, en ce sens que, dans sa pure brutalité, elle s'affirme sans parler. De ce point de vue-là :

> « Le pouvoir a toujours besoin de s'appuyer sur la force du nombre, tandis que la violence peut s'en passer, dans une certaine mesure, du fait que pour s'imposer elle peut recourir à des instruments. »

Le pouvoir ne peut se fonder que sur le consentement du plus grand nombre ; la violence, elle, trouve son efficacité dans le fait de recourir à ses propres moyens – à ses armes. En ce sens, l'expérience politique n'a pas besoin de recourir à la brutalité, au contraire ; les deux termes sont antinomiques, selon Arendt.

De fait, on pourrait même dire que l'utilisation de la violence est le signe de l'insuffisance du pouvoir, qu'à travers lui se jouent la relation d'autorité, la responsabilité qui lie les hommes. Le pouvoir fonde une relation, il suppose une relation d'obligation et d'obéissance, de règle et de consentement. Il lui faut susciter cette relation pour exister. La violence, quant à elle, défait toute relation. Elle n'a trait qu'à l'autre considéré comme un objet. L'utilisation de la violence est donc le signe d'une faillite du pouvoir. Et ceci est vrai, d'ailleurs, non seulement de l'ordre politique en tant que tel, mais également de toutes les petites sociétés qui entourent nos existences, de tous les groupes humains – d'une entreprise, d'une association, d'une famille. La violence est toujours le signe d'un échec du pouvoir. Et lorsque celui qui dirige a besoin de la brutalité, c'est qu'il n'a pas su exercer l'autorité. Il n'y a rien à voir entre ces deux ordres. Il y a même une relation d'antinomie entre eux. Il n'y a dans la violence qu'une insuffisance du pouvoir.

« Aussitôt que plusieurs personnes se rassemblent et agissent de concert, le pouvoir est manifeste, mais il tire sa légitimité du fait initial du rassemblement plutôt que de l'action qui est susceptible de le suivre. »

« Le pouvoir, écrit encore Arendt, peut toujours être détruit par la violence ; l'ordre le plus efficace est celui que vient appuyer le canon du fusil, qui impose l'obéissance immédiate la plus complète. Mais il ne peut jamais être la source du pouvoir. »

L'ordre le plus efficace est sans aucun doute celui qu'intime la violence. Mais sa faiblesse se trouve dans le fait qu'elle est incapable de fonder quoi que ce soit au-delà d'elle, en-dehors d'elle-même.

« La violence peut détruire le pouvoir, mais la violence ne peut jamais fonder le pouvoir. »

Jamais la violence ne suffit, en particulier, à fonder la réalité politique.

La violence est donc le contraire du pouvoir. Et cette domination par la violence pure serait une domination qui s'exercerait sur les hommes sans susciter aucune espèce d'autorité. Qu'est-ce qui fonde alors le pouvoir ? C'est le seul fait que nous puissions, écrit Arendt, coopérer ensemble, nous coordonner ensemble – mots abstraits et étonnants. Que faut-il entendre par là ? Ce qui fonde le pouvoir c'est le fait que nous parlions ensemble. Peut-on rêver d'un monde sans violence ? On ne peut pas rêver d'être totalement débarrassés de la menace de la violence. Mais nous pouvons construire – pour nous préserver de la violence et pour tenter de l'endiguer, autant que nous en sommes capables – ce qui est l'autre de la violence, c'est-à-dire la politique.

Et qu'est-ce que la politique, sinon le fait, écrit Arendt dans *Vies politiques*, de « parler ensemble », de partager nos désaccords sous la forme de la conversation, et non pas sous la forme de la confrontation ? Qu'est-ce que le pouvoir, sinon ce travail pour coopérer afin d'écrire ensemble notre avenir, plutôt que de le subir ? Que devrait être la politique, sinon cette conversation qui dure en dépit des différends inéluctables, et que l'on pourrait décrire comme une forme d'amitié civique ? Comme l'écrit Arendt dans *Vies politiques* :

« Nous avons coutume aujourd'hui de ne voir dans l'amitié qu'un phénomène de l'intimité, où les amis s'ouvrent leur âme sans tenir compte du monde et de ses exigences. (...)

Lorsque, par exemple, nous lisons chez Aristote que la *philia*, l'amitié entre citoyens, est l'une des conditions fondamentales du bien-être commun, nous avons tendance à croire qu'il parle seulement de l'absence de factions et de guerre civile au sein de la cité. Mais pour les Grecs, l'essence de l'amitié consistait dans le discours. Ils soutenaient que seul "un parler-ensemble" constant pouvait unir les citoyens dans une cité.

Avec le dialogue se manifeste l'importance politique de l'amitié, et de son humanité propre. (…)

Car le monde n'est pas humain pour avoir été fait par des hommes, il ne devient pas humain parce que la voix humaine y résonne, mais seulement lorsqu'il est devenu objet de dialogue. (…)

Nous humanisons ce qui se passe dans le monde en nous en parlant, et, dans ce parler, nous apprenons à être humains. »

Au fond, la meilleure réponse possible à la violence se trouve sans aucun doute dans cette expérience de la politique. Nul doute que la politique doive absolument s'abstenir de la naïveté ; nul doute que la violence fera toujours partie de ce qui traverse une société. Mais il est impossible de répondre à cette violence en épousant la violence, sans trahir ce que devrait être l'activité politique, qui consiste à construire à l'intérieur de la société cet autre de la relation de contrainte brutale qui s'appelle l'autorité, cet autre de la violence qui s'appelle le pouvoir. Et par quoi se fonde le pouvoir, s'il ne s'impose pas par une opération brutale ? Il se fonde sur le dialogue. Il n'y a rien là d'irénique ou de naïf, il n'y a rien là d'idéaliste ni de facile. Il y a seulement l'effort que nous devons faire pour sortir, écrit Arendt, de la spirale interminable de la violence et de la vengeance, un miracle qui s'appelle le pardon, et qui fait irruption pour briser, par la parole, la réciprocité infernale de la violence qui entraîne la violence, de la vengeance qui provoque la vengeance. Voilà peut-être ce qu'on appelle, ce qu'on devrait appeler, le miracle de la politique. On ne peut pas rêver d'un monde sans violence. On ne peut que tenter de construire un monde qui nous préserve de notre propre violence, en construisant contre elle l'autre de la violence, c'est-à-dire l'expérience politique. Et voilà une piste vers la réponse qui pourrait nous permettre de vivre ce grand rêve dont nous devons continuer, j'en suis sûr, d'être habités. Quant à savoir si ce rêve se réalisera, cela, chers amis de la vérité, c'est encore une autre question…

## *Y a-t-il un progrès dans l'histoire ?*

Est-ce que quelque chose se passe dans ce monde où tout semble passer sans que rien n'avance vraiment ? De fait, nous sommes des êtres de temps et nous sommes marqués par ce temps qui passe, mais qui passe bien souvent en donnant l'impression désespérante de faire du surplace. Tout se passe comme si, malgré nos bonnes résolutions et notre désir d'être en marche, nous revenions toujours à cet ancien monde que nous espérions quitter. Un progrès est-il possible ? Peut-on vraiment espérer que les choses s'améliorent un jour, et qu'elles aillent même vers une fin heureuse, vers un but de notre vie collective, de notre vie politique, vers cette utopie à laquelle nous aspirons, vers cette paix universelle et définitive, vers le bonheur enfin partagé, vers la justice enfin réalisée ? Faut-il encore croire au progrès, ou faut-il se résigner ? Y a-t-il un progrès dans l'histoire ?

Pour réfléchir à l'histoire, il faut d'abord commencer par observer que ce terme a quelque chose d'ambigu et d'un peu étonnant. Le mot histoire est, dans la liste des disciplines que nous avons tous pratiquées à l'école ou à l'université, l'un des rares termes désignant de façon ambivalente aussi bien un savoir, que l'objet de ce savoir. Le mot histoire vient du grec *historia* qui veut dire « enquête » ; ce terme, que l'on trouve sous la plume d'Hérodote, dit le désir de mener une investigation précise sur les causes des événements, de comprendre ce qui s'est produit, de faire l'inventaire du passé. Il désigne donc ce récit par lequel on revient sur ce qui est arrivé. Mais, vous le remarquerez avec moi, le mot histoire désigne aussi les faits eux-mêmes. Il a fini, par métonymie pourrait-on dire, par désigner le contenu même de cette discipline. La géographie, c'est la science qui traite de l'espace ; les mathématiques, c'est la science qui traite du nombre et des figures ; la physique, c'est la science qui traite de la matière ; la biologie, du vivant ; et l'histoire, c'est la science qui traite de l'histoire.

Alors bien sûr, quand on se demande si l'histoire progresse, on ne se demande pas seulement si l'enquête ou l'investigation fait son chemin pour éclairer les causes des événements. Mais on se demande si quelque chose se transforme dans les faits eux-mêmes, si quelque chose est en train d'évoluer dans le temps, si, depuis que l'histoire humaine nous est connue, nous pouvons observer un processus d'accumulation successif de sagesse ou d'expérience, quelque chose par quoi nous ne reviendrions pas toujours au même point et par lequel nous pourrions imaginer que nous avons déjà progressé, que nous sommes en quelque sorte supérieurs à ceux qui nous ont précédés ; ou bien si, au contraire, nous devons en rabattre et reconnaître qu'à la fin tout est toujours pareil et que l'humanité est toujours exactement la même, toujours identique à elle-même, toujours aussi désespérante, avec ses éclairs de génie peut-être, mais surtout tant de médiocrité qu'il lui est incapable d'apprendre de ses erreurs et ainsi de progresser.

C'est d'ailleurs, pour tout vous dire, le sentiment que j'avais en préparant cette soirée. Je rentre tout juste d'une série de conférences sur les traces de l'histoire de la philosophie, en Grèce. Et il est vrai que, en réfléchissant au thème de notre soirée, il m'est souvent arrivé de me dire que j'allais quitter la scène trois minutes après avoir commencé. Y a-t-il un progrès dans l'histoire ? Peut-être aurait-il suffi de vous présenter l'une de ces incroyables statues que l'art grec nous a laissées, quelques images de Delphes ou du Parthénon, ou bien l'un de ces objets d'art datant du monde mycénien, quinze siècles avant notre ère, avec leur style magnifique de raffinement, de perfection, de pureté… Et ensuite je vous aurais présenté quelques influenceurs de l'opinion contemporaine, quelques morceaux de musique en vogue, nos œuvres de référence, une émission de téléréalité… Et je serais sorti en vous disant : la réponse est non ! Bonne soirée ! Ils avaient Platon et Aristote, et la polémique incroyable entre l'idéalisme et l'hylémorphisme[1], nous avons Booba et Kaaris qui se tombent dessus pour des histoires d'ego improbables... Y a-t-il un progrès dans l'histoire ? Nous pourrions regarder avec un peu de tristesse cette question en nous disant que, malgré tout ce que nous avons vécu, et malgré cette investigation patiente des historiens, pour faire la liste de tous les travers de l'homme, et de tout ce qu'ils ont produit de catastrophes dans notre histoire, au fond nous n'avons jamais vraiment rien appris.

C'est d'ailleurs ce que nous dit un philosophe anglais, un philosophe souriant et joyeux, qui ne se présente pas du tout comme un homme pessimiste ou découragé, au contraire. Finalement, nous dit David Hume, dans l'*Enquête sur l'entendement humain*, si l'on veut bien y regarder de plus près, on verra que :

> « Les actions des hommes sont constantes et uniformes (...). Les mêmes motifs produisent toujours les mêmes effets. »

Le but de Hume, c'est de montrer qu'au fond nous ne sommes pas si libres que nous en avons l'air. Et qu'à la fin il y a toujours dans nos actions quelque chose de déterminé. Et à quoi reconnaît-on ce qui est déterminé ?

---

1. Hylémorphisme : doctrine d'origine aristotélicienne selon laquelle deux principes distincts et complémentaires, la matière et la forme, sont unis dans tous les êtres corporels, qu'ils soient produits par la nature ou créés par l'art.

On le reconnaît au caractère parfaitement répétitif de ce qui revient sans cesse. Voilà ce que nous dit Hume :

« Il est universellement reconnu qu'il y a une grande uniformité entre les actions des hommes, dans toutes les nations et à toutes les époques, et que la nature humaine demeure toujours la même dans ses principes et ses opérations. Les mêmes motifs produisent toujours les mêmes actions, les mêmes événements s'ensuivent des mêmes causes. L'ambition, l'avarice, l'égoïsme, la vanité, l'amitié, la générosité, l'esprit public : ces passions, mêlées à des degrés divers, et distribuées dans toute la société, ont été, depuis le commencement du monde, et sont toujours, la source de toutes les actions et de toutes les entreprises qui aient jamais été observées en l'humanité. Voulez-vous connaître les sentiments, les inclinations et le mode de vie des Grecs et des Romains ? Étudiez bien le tempérament et les actions des Français et des Anglais. Vous ne pouvez pas vous tromper beaucoup en transférant aux premiers la plupart des observations que vous avez faites avec les derniers. L'humanité est si bien la même, à toutes les époques, en tous lieux, que l'histoire ne nous apprend rien de nouveau ou d'étrange sur ce point. Sa fonction essentielle est seulement de découvrir les principes constants et universels de la nature humaine, en nous montrant les hommes dans toutes les variétés de circonstances et de situations et de nous fournir en matériaux à partir desquels nous pouvons organiser nos observations et connaître les ressorts constants de l'action et du comportement humains. »

Ce que nous dit Hume, ici, c'est qu'à la fin l'homme ne change jamais. D'ailleurs, à quoi reconnaît-on cela ? On le reconnaît au fait que nous ne croirions pas du tout celui qui nous raconterait que les hommes peuvent vraiment changer. Celui qui viendrait parmi nous en disant : je viens d'une île incroyable sur laquelle habitent des hommes qui sont d'une bonté absolue, ou qui sont toujours vertueux, qui ne font jamais le moindre mal, qui sont d'une innocence parfaite, nous lui répondrions : tu es un menteur ! Nous n'y croirions pas du tout. Eh bien, de la même manière, si un historien nous soutenait que les Grecs de l'Antiquité ne connaissaient pas la peur, qu'ils étaient incapables d'éprouver l'avarice ou l'ambition, qu'ils étaient totalement dénués de paresse ou de jalousie, cela suffirait, explique Hume, à considérer que tout ce qu'il nous raconte est complètement faux, qu'il s'agit de légendes et non de vérité historique. L'humanité ne change pas. L'humanité n'évolue pas. Elle est toujours la même partout. Et si nous y regardons bien, nous verrons que « les mêmes motifs produisent toujours les mêmes effets ».

À quoi sert l'histoire ? Elle est simplement un matériau disponible pour mieux connaître l'universelle condition humaine. Étudier l'histoire, c'est voir les hommes comme ils sont, comme ils étaient il y a vingt siècles, et par conséquent comme ils sont toujours aujourd'hui. Il y a dans la constance du comportement humain une régularité exactement similaire, nous dit Hume, à celle des lois de la nature, des lois physiques. Alors évidemment, il est irritant de constater par là que l'homme n'échappe pas à sa condition, et qu'ainsi il n'est pas libre. Nous préférerions croire que nous sommes une exception dans l'histoire. Vous voudriez croire que vous êtes capables de faire mieux que tous ceux qui vous ont précédés, que notre époque peut être meilleure qu'un passé heureusement périmé… Quelle incroyable illusion ! dit Hume. Vous savez très bien que l'homme est parfaitement déterminé. Et par quoi le savez-vous ? Vous le reconnaissez au fait que l'homme est parfaitement, désespérément prévisible. Peut-être pas en tant qu'individu bien sûr, car les individus ont toujours des comportements singuliers : c'est d'ailleurs la même chose dans la nature. Si vous plantez cinquante arbres, aucun ne poussera exactement de la même manière. Mais globalement vous savez que le végétal comme le minéral sont déterminés par des lois absolument inexorables. Eh bien, il en va de même de l'homme dans sa généralité. Imaginons, dit Hume, que vous posiez une bourse remplie d'or sur le pont de Charing Cross à une heure de grand passage. Vous partez pendant une heure. Vous pouvez avoir la certitude absolue que quand vous reviendrez la bourse ne sera plus là. C'est totalement prévisible, c'est exactement aussi prévisible que la certitude que vous auriez, en lâchant la bourse, qu'elle va tomber par terre. Les lois de la nature humaine sont aussi fiables que les lois de la gravité. La cupidité humaine est une constante que rien ne peut démentir, et cela ne changera pas. Hume écrivait d'ailleurs à la fin du XVIII$^{e}$ siècle, et rien n'a changé depuis, n'est-ce pas ? Vous pouvez transposer Charing Cross, mettez si vous voulez le métro Châtelet-Les Halles. Laissez maintenant, non pas votre bourse, mais votre portefeuille, sur un banc dans une station de métro à une heure de grand passage, revenez une heure plus tard, et la prédiction de Hume s'accomplira parfaitement. L'humain n'a pas du tout progressé. Et pourtant, si l'on y regarde bien, nous voyons qu'il est difficile pour autant d'aller jusqu'au bout de cette analogie, d'établir une continuité complète entre ces deux ordres qui semblent pourtant distincts. La différence majeure qui les sépare, c'est que la nature n'est pas consciente : si la bourse tombe par terre ce n'est pas parce qu'elle obéit consciemment à une loi qu'elle épouse par sa volonté, non ; c'est seulement parce qu'elle est déterminée comme un minéral inconscient à suivre la loi de la gravité.

Cela constitue malgré tout une discontinuité avec l'expérience humaine, par le fait même de la conscience des hommes, par le fait même de l'histoire dans les deux sens de ce terme. D'abord l'histoire comme mémoire : nous nous souvenons de ce qui est arrivé, et le souvenir que nous avons doit nous permettre d'ajuster nos décisions d'aujourd'hui. Nous allons par exemple, tout au long de cette semaine, communier dans la mémoire de la Première Guerre mondiale. Pourquoi faire mémoire ? Pourquoi revenir sur l'histoire ? Eh bien parce que garder conscience de ce qu'elle a eu de tragique, c'est peut-être éviter de refaire les mêmes erreurs. Comme le disait Winston Churchill :

« Un peuple qui oublie son passé s'expose à le revivre. »

Et ainsi, se souvenir de ce qui s'est passé, c'est-à-dire constituer une histoire, une trace des événements anciens, c'est d'abord l'occasion de ne pas retomber sans cesse dans les mêmes travers. Ainsi notre mémoire, notre mémoire consciente, vient trancher avec l'ordre de la nature.

La nature n'apprend rien parce qu'elle n'est pas consciente de suivre les lois qui la déterminent totalement. L'homme, au contraire, apparaît avec sa conscience à l'intérieur de la nature comme une exception, parce que cette conscience est aussi le gage de sa liberté. Et c'est cette liberté qui précisément fait événement; c'est elle qui constitue ce que nous racontons à travers l'histoire, qui en sécrète la matière – c'est-à-dire les faits sur lesquels le savoir historique se déploie. Si nous retenons les événements du passé, c'est parce qu'il y a eu des événements. Or la nature ne fait pas événement. Nous ne marquerions pas dans un journal, nous ne noterions pas dans une chronique que la pierre que nous avons lâchée est tombée vers le bas aujourd'hui. Non, elle tombe toujours vers le bas. Cela ne constitue pas un événement. La nature est marquée, nous dira Hannah Arendt, par la figure du cercle, c'est-à-dire par la répétition constante, par cette stabilité, cette permanence qui n'est pas fixité, bien sûr, mais de récurrence. Nous entrons maintenant dans l'automne, et bientôt ce sera l'hiver, après l'hiver le printemps, et après le printemps l'été, et ainsi de suite, indéfiniment.

L'automne n'est pas un événement. Ce qui est un événement, c'est le fait que peut-être l'automne arrive plus tard que d'habitude, parce qu'il fait tellement chaud qu'on n'a pas l'impression d'avoir vraiment quitté l'été. Mais pourquoi fait-il plus chaud que d'habitude ? C'est, nous disent les scientifiques, que l'action des hommes a peut-être perturbé quelque chose. Il y a là un événement en effet, mais tout événement est la trace d'une liberté, qui d'un coup s'inscrit dans le temps et y suscite un changement, qui aurait pu ne pas arriver. Voilà ce que c'est que l'histoire. L'histoire est faite de libertés. Et il y a quelque chose de vertigineux à considérer cela, nous dit Hannah Arendt.

Dans la circularité de la nature, l'action humaine installe une ligne droite, elle brise le cercle, elle déclenche un événement qui aura des conséquences singulières ; et ces conséquences sont d'ailleurs souvent imprévisibles, et toujours irrécupérables. Quand vous avez fait une mauvaise action, cette action fait événement pour toujours. Vous pourrez tenter de rattraper la mauvaise action que vous avez faite, d'en réparer les effets… Mais il n'en reste pas moins qu'elle aura été posée, pour toujours. Nul ne peut revenir là-dessus, annuler le passé. L'action humaine installe une ligne droite qui fait événement. Et voilà ce qu'on appelle l'histoire.

Du cercle de la nature à la ligne droite de la liberté, il y a bien deux ordres distincts, et c'est peut-être sur cette ligne droite que s'installe la possibilité d'un progrès ; parce que construire cette ligne droite à travers nos actions, dessiner un chemin, un itinéraire, c'est sans doute nous donner le moyen de progresser vers un but, qui prête un sens à l'action que nous menons. Oui, peut-être faut-il tenter malgré tout d'évoquer la possibilité qu'il existe un progrès dans l'histoire si nous acceptons de distinguer ces deux ordres qui font que, contrairement à ce que pensait Hume, l'action humaine n'est pas totalement réductible à la régularité naturelle. Cette idée du progrès a elle-même une histoire, d'ailleurs, qui nous ramène au XVIIIe, un siècle fasciné par la question de l'histoire ; un siècle qui, du point de vue de la philosophie, de l'épistémologie de l'histoire (c'est-à-dire de la réflexion sur ce qu'est le savoir historique), découvre la prescience, la conscience, du progrès qui peut se jouer par la liberté humaine. C'est ce qu'exprime par exemple un texte de Turgot, le *Discours sur les progrès successifs de l'esprit humain*, prononcé en 1750. Voilà comment débute le propos :

« Les phénomènes de la nature soumis à des lois constantes sont renfermés dans un cercle de révolutions toujours les mêmes. Tout renaît, tout périt ; et dans ces générations successives, par lesquelles les végétaux et les animaux se reproduisent, le temps ne fait que ramener à chaque instant l'image de ce qu'il a fait disparaître.

La succession des hommes, au contraire, offre de siècle en siècle un spectacle toujours varié. La raison, les passions, la liberté, produisent sans cesse de nouveaux événements. Tous les âges sont enchaînés par une suite de causes et d'effets qui lient l'état du monde à ceux qui l'ont précédé. Les signes multipliés du langage, en donnant aux hommes le moyen de s'assurer la possession de leurs idées, et de les communiquer aux autres, ont formé de toutes les connaissances particulières un trésor commun, qu'une génération transmet à l'autre, ainsi qu'un héritage toujours augmenté des découvertes de chaque siècle ; et le genre humain considéré depuis son origine paraît aux yeux d'un philosophe un tout immense, qui lui-même a, comme chaque individu, son enfance et ses progrès. »

Le genre humain semble un tout qui a, comme chaque individu, son enfance et ses progrès. Après tout, n'est-il pas vrai qu'existe une continuité manifeste entre les générations ? C'est ce que rappelait Hannah Arendt, là encore : lorsqu'un animal meurt, qu'un autre animal naît, ne s'opère qu'une forme de réplication à l'infini du mimétisme de l'instinct. C'est la même animation. C'est le même instinct vital. C'est au fond la même manière de se rapporter au monde qui se réplique dans l'animal. Le castor construit aujourd'hui ses barrages exactement comme il les construisait il y a des siècles. Alors que chez l'homme, une dimension cumultative se joue dans le travail des individus et le passage des générations. C'est le phénomène de la transmission, que décrit ici Turgot. Nous avons hérité des connaissances de nos aînés ce que nous savons aujourd'hui. Et nous ne sommes pas repartis du même point de départ qu'eux. Nous avons pour point de départ ce qui était leur point d'arrivée. Et ainsi nous continuons d'avancer, de telle sorte que l'humanité ressemble à un « tout immense », à une totalité vivante et continue qui s'augmente de chacune des étapes qu'elle franchit, génération après génération. On retrouve là une intuition que Pascal décrivait en évoquant le progrès de la science. Les nouvelles découvertes sont toujours l'occasion de contredire ceux qui nous ont précédés. Mais il n'y a pas d'ingratitude en cela, dit Pascal. Bien sûr qu'ils n'ont pas vu ce que nous voyons aujourd'hui ; bien sûr qu'ils n'ont pas su ce que nous savons aujourd'hui ; bien sûr, Aristote, Galilée, Newton ne disaient pas de l'univers ce que nous en disons maintenant. Mais en réfutant leurs propos, nous ne montrons pas de défiance, d'ingratitude, de mépris pour eux, bien au contraire ! Nous leur disons notre dette, parce que c'est grâce à leur travail que nous pouvons aujourd'hui aller plus loin qu'eux. Dans sa *Préface pour un traité du vide*, Pascal rappelle ce nécessaire progrès :

« Quoique toujours égale en elle-même, [la nature] n'est pas toujours également connue. Les expériences qui nous en donnent l'intelligence multiplient continuellement ; et, comme elles sont les seuls principes de la physique, les conséquences multiplient à proportion. C'est de cette façon que l'on peut aujourd'hui prendre d'autres sentiments et de nouvelles opinions sans mépriser [les anciens] et sans ingratitude, puisque les premières connaissances qu'ils nous ont données, ont servi de degrés[1] aux nôtres, et que dans ces avantages nous leur sommes redevables de l'ascendant que nous avons sur eux ; parce que, s'étant élevés jusqu'à un certain degré où

1. Degrés, terme inusité désignant les marches d'un escalier.

ils nous ont portés, le moindre effort nous fait monter plus haut ; et avec moins de peine et moins de gloire nous nous trouvons au-dessus d'eux. C'est de là que nous pouvons découvrir des choses qu'il leur était impossible d'apercevoir. Notre vue a plus d'étendue, et, quoiqu'ils connussent aussi bien que nous tout ce qu'ils pouvaient remarquer de la nature, ils n'en connaissaient pas tant néanmoins, et nous voyons plus qu'eux. »

Cette image de la vue qui porte de plus en plus loin à mesure que le savoir augmente est la réponse de Pascal à ceux qui lui reprochent de contester, par ses découvertes physiques sur le vide, les principes d'Aristote qui font encore autorité dans la physique de son temps. Ce n'est que par le travail de ceux qui nous ont précédés que la nature se découvre à nous, plus encore qu'à eux. Aristote était un géant, et je suis tout petit à côté de lui, dit en substance Pascal ; mais je peux m'appuyer sur lui pour voir plus loin qu'il ne le pouvait. Et je pense ainsi, à travers mes recherches, ce qu'Aristote penserait comme moi, s'il avait pu vivre jusqu'à nous, et si l'humanité était un seul vivant qui continuait son chemin. « Si j'ai vu plus loin, écrira Newton, c'est en me tenant sur les épaules des géants [1]. »

Comment peut-on affirmer qu'il n'y a pas de progrès dans l'histoire ? Arrêtons-nous à cette simple évidence,

1. Isaac Newton, Lettre à Robert Hooke, 5 février 1675.

nécessaire et suffisante, qu'il y a bien un progrès des sciences, un progrès de la connaissance. Depuis la première *historia* d'Hérodote, n'avons-nous pas considérablement accru la quantité de données disponibles sur le passé de l'humanité ? L'histoire progresse comme savoir, l'histoire comme suite de faits et d'événements est aussi le lieu d'un progrès. Voyez l'insistance que met Turgot à distinguer l'ordre de la nature où il n'y a pas d'événement, où tout revient sans arrêt, de l'ordre de la liberté, où le temps est d'abord l'occasion d'apprendre, d'avancer, de progresser. Après tout, il y a pour commencer, et il est facile de le reconnaître, un progrès évident dans chacune de nos histoires. Nous avons été des enfants, aujourd'hui nous sommes des adultes, et le moins que nous puissions dire est que nous avons fait du chemin. Nous en savons plus aujourd'hui sur le monde que l'enfant que nous étions hier. Nous avons peut-être aussi, simultanément, cultivé davantage notre discernement moral. Nous avons augmenté le champ de notre conscience. Nous avons vu croître en même temps l'idée que nous nous faisions de notre propre liberté. Tout cela va avec les progrès de notre individualité. Eh bien, nous dit Turgot, il faut regarder l'humanité comme une continuité vivante, qui aurait eu elle aussi son état d'enfance et qui depuis progresserait dans l'histoire.

Cette distinction de deux temps, le temps de la nature et le temps de l'histoire, traverse toute la philosophie du XVIIIe siècle.

On la retrouve aussi, bien sûr, chez Condorcet, dans l'*Esquisse d'un tableau historique des progrès de l'esprit humain*, achevé en 1794. Cette distinction des temps signifie que l'histoire est d'abord la possibilité d'une évolution. Bientôt, au XIXe siècle, la nature rejoindra la liberté dans l'histoire. Bientôt viendront Darwin et sa théorie générale des espèces, affirmant que les espèces vivantes font elles aussi des progrès. Avant Darwin, il y aura eu Cuvier et les *Recherches sur les ossements fossiles des quadrupèdes* - Cuvier, qui, l'un des fondateurs de la paléontologie, montre que les espèces mûrissent peu à peu et qu'elles se complexifient, à la manière de Lamarck ou par opposition à Lamarck qui pense le transformisme, c'est-à-dire la façon dont les espèces se transforment de l'intérieur. Bref, l'idée que le progrès se joue dans le temps va atteindre même la nature, puisque nous savons aujourd'hui qu'elle n'a finalement pas cette circularité éternelle que les anciens pouvaient lui prêter. Pour le monde grec, pour le monde romain, pour le Moyen Âge, la nature était marquée par le retour perpétuel du même, elle était une forme de l'éternité, à travers le retour perpétuel de ce qui ne cesse de croître et de dépérir. Mais nous savons aujourd'hui que la nature elle-même a une histoire, en quelque sorte. Bref, là n'est pas ce qui nous intéresse. Ce qui nous intéresse ici, c'est l'histoire humaine. Et nous voyons que, pour les modernes conscients de leur propre valeur, l'histoire apparaît comme le lieu d'un cheminement dont nous sommes par définition, en toute simplicité, le sommet.

Parce que si l'histoire progresse, et si elle chemine d'une manière linéaire par l'accumulation des savoirs et des connaissances, mais aussi des qualités morales qui découlent de cet apprentissage, par l'amélioration des formes politiques de notre existence commune, alors évidemment chaque instant du présent est un nouveau sommet de l'histoire humaine. Et de chaque instant du présent, nous pouvons regarder tout ce qui nous a précédés comme ce qui nous était antérieur, mais aussi, bien sûr, comme ce qui nous était inférieur. Malheur à qui voudrait revenir en arrière ! Malheur à qui voudrait retrouver les heures les plus sombres de notre histoire ! Nous sommes le moment de la clarté, et les temps qui nous ont précédés étaient des siècles obscurs, ou plus obscurs que le nôtre bien entendu ! Il faut bien, en effet, que quelque chose se soit joué dans cette évolution de l'histoire, que quelque chose ait fait son chemin, qui nous fait aujourd'hui plus savants, plus conscients, plus puissants que tous ceux qui nous ont précédés. Et ce progrès peut être infini.

> « La nature, dira Condorcet, n'a mis aucune borne à nos espérances. »

Nous pouvons espérer progresser ainsi pour l'éternité, espérer que les choses s'améliorent infiniment. Mais nous pouvons aussi regarder le progrès de l'histoire comme étant marqué par un but vers lequel nous cheminons, par une fin, qui un jour se réalisera.

Cette idée de fin de l'histoire, c'est celle que s'est appropriée tout le XIXe siècle. Elle fixe à l'histoire une borne, un terme qui viendrait la clore, et au regard duquel nous pouvons dire qu'effectivement nous sommes en progrès puisque nous nous rapprochons du but. Pour parler de cette fin de l'histoire, il faut évidemment évoquer la figure d'un philosophe qui clôt le XVIIIe siècle : Emmanuel Kant écrit (il a l'art des titres longs et compliqués) *Idée d'une histoire universelle du point de vue cosmopolitique*. Il nous faut parvenir, explique-t-il, à nous faire une idée de l'histoire universelle, si nous voulons être capables d'en comprendre le progrès. Bien sûr, si vous avez le nez rivé aux événements du quotidien, vous n'y verrez rien, vous n'observerez aucun progrès. Si vous regardez les actions individuelles des hommes, vous allez voir le chaos, la répétition déprimante du même, vous aurez peut-être même le sentiment que les choses vont de pire en pire, que nous vivons une régression, une décadence. Mais si vous prenez du recul et que vous regardez l'histoire universelle, non pas comme une chronique précise des détails, mais sous la forme d'une idée générale, du point de vue cosmopolitique, c'est-à-dire en prenant en compte la totalité des nations, alors tout pourrait s'éclairer différemment. Votre pays va peut-être très mal, mais du point de vue cosmopolitique… Défaisons-nous un peu de notre point de vue particulier, de notre regard trop immergé dans la particularité du moment ; regardons l'histoire de manière bien plus générale. Et alors nous verrons, dans cette « histoire universelle d'un point de vue cosmopolitique », que l'homme obéit en effet à une forme de loi universelle de la nature, mais que cette loi ne lui impose pas la répétition du même, au contraire ! L'histoire universelle est le lieu d'une progression continuelle vers l'accomplissement de l'homme, vers sa propre finalité. Qu'est-ce que la fin de l'histoire ? La fin de chaque chose est à la fois son achèvement et son accomplissement. Que peut donc être la fin de l'histoire humaine ? Voici la première proposition que nous fait Kant, dans cette *Idée d'histoire universelle d'un point de vue cosmopolitique* : la fin de l'histoire ne peut être que l'accomplissement de la nature rationnelle des hommes, de leur capacité de penser, de comprendre le monde, de le connaître et de se connaître eux-mêmes. Si la fin de chaque chose c'est son accomplissement, il faut partir de la nature de l'homme pour savoir ce vers quoi il tend. Or nous sommes des êtres rationnels ; voilà donc où se trouve notre finalité. Et cependant, me direz-vous, et Kant s'y rangera évidemment, nous ne sommes pas seulement des êtres rationnels…

Nous sommes aussi des êtres de passion, de pulsion, des êtres de désir. Il y a en nous quelque chose de totalement déraisonnable, évidemment ! Comment comprendre que ces passions qui nous traversent ne fassent pas obstacle à l'accomplissement de notre nature rationnelle ? Eh bien, c'est que la nature qui dirige l'histoire – comme une détermination universelle vers la finalité qu'elle poursuit – utilise en nous même ce qui n'est pas rationnel pour accomplir ce qu'il y a de plus rationnel. La nature utilise en nous le plus déraisonnable même, pour nous permettre d'avancer vers ce qui est le plus raisonnable. Elle utilise en nous ce qu'il y a de pire pour faire jaillir le meilleur. Quand on regarde d'ailleurs les motivations des hommes dans l'accomplissement de leurs plus grandes actions, de leurs plus belles œuvres, dans la réalisation de leurs découvertes les plus décisives, on verra qu'il y a souvent au cœur de leurs motivations quelque chose de bien médiocre. Quand on voit les hommes faire ce qui honore le plus la raison humaine, on observe qu'ils sont souvent animés par des motifs parfaitement déraisonnables. Les plus grands politiques de l'histoire, qui ont fait faire les plus grands progrès à la conscience humaine, au droit, aux institutions, étaient en réalité souvent animés par des passions violentes, ou par des instincts mêlés de l'envie de briller, d'exister, d'être reconnus. Tout cela fait partie de notre humanité. Mais tout cela, paradoxalement, la nature l'utilise pour nous pousser au meilleur.

Dans la huitième proposition de l'*Idée d'histoire universelle du point de vue cosmopolitique*, Kant recourt à la métaphore de la forêt. Nous vivons en société, et dans la société, nous passons notre temps à être en rivalité perpétuelle les uns avec les autres. Nous vivons ensemble, alors que nous ne nous supportons pas. Mais nous continuons pourtant de vivre ensemble. Tous les autres nous sont intolérables, et pourtant nous vivons avec eux. Regardez ce qu'est une grande ville : nous détestons la masse, mais nous vivons tous au milieu de la masse. Et pourquoi ? Eh bien, à cause de ce ressort naturel en nous, de ce paradoxe absolu que Kant appelle « l'insociable sociabilité de l'homme ».

Par cet oxymore, il exprime le fait que l'homme a besoin de vivre en société, mais qu'au milieu de la société il a toujours besoin de s'opposer aux autres. Et comment la nature se sert-elle de cette « insociable sociabilité » ? Son premier effet est de nous faire aller plus haut, parce que cette émulation nous stimule, un peu comme l'arbre dans une forêt. Si vous plantez un arbre tout seul au milieu d'une plaine, il va pousser, bien sûr, mais sans monter très haut. Vous plantez le même arbre avec beaucoup d'arbres autour, ils vont tous ensemble pousser beaucoup plus haut, parce que chacun d'entre eux cherche la lumière du soleil, et que chacun d'entre eux, ayant besoin de cette lumière, va la chercher de plus en plus haut. C'est le principe de la forêt : plantez beaucoup d'arbres ensemble, ils vont pousser droit et haut si vous les avez bien plantés, si vous avez bien ajusté au plus court la distance entre chacun d'entre eux. La compétition pour la lumière fera en sorte que chacun d'eux poussera le plus droit, le plus haut possible. Nous ne sommes jamais plus élevés que quand ce qu'il y a en nous de plus intéressé peut nous orienter vers un but que nous n'avions pas cherché. À la fin, la nature, nous dit Kant, se sert de tout pour faire son chemin, et pour permettre à l'humanité de faire son chemin dans l'histoire. Elle emploie le ressort le plus individuel pour faire avancer le progrès le plus universel. La nature se sert de tout, même de ce qu'il y a de mauvais, de médiocre, d'absurde parfois, pour que la raison l'emporte. C'est une idée rassurante, et qui vient nous consoler de bien des conflits qui nous désolent parce qu'au fond, évidemment, nous ne sommes pas très heureux dans l'immédiat de voir les effets de cette compétition entre les hommes. Cette lutte continuelle engendre tellement de déceptions, de blessures, de jalousies, de petitesses ! Elle engendre tellement de violence ! Ainsi Kant tente-t-il de répondre à la question de la guerre. Après tout, la guerre est bien sûr le lieu de la violence absolue. Mais... a-t-on jamais vu l'homme donner autant le meilleur de lui-même qu'en temps de guerre ? Cette interrogation complaisante a de quoi faire frémir celui qui sait ce qu'est la guerre. Nous savons ce qu'ont été les deux guerres mondiales. Il faut se souvenir d'ailleurs que ces deux guerres mondiales sont nées aussi sur ce terreau-là, sur le terreau de cette interrogation. Comme l'écrira Nietzsche, quelques décennies après Kant :

> « C'est une vaine idée d'utopistes et de belles âmes que d'attendre beaucoup encore (ou même : beaucoup seulement alors) de l'humanité, quand elle aura désappris de faire la guerre[1]. »

Cette intuition traverse toute la philosophie du XIXe siècle. Avec elle, nous pouvons comparer ces deux formes d'eau : d'un côté, il y a l'eau stagnante, celle de la

1. *Humain trop humain*, I, 477.

mare un peu envasée, et de l'autre côté, il y a l'eau courante qui rebondit sur les rochers. Eh bien, une humanité qui s'élève, une humanité qui se pousse en avant, une humanité qui s'engage dans des rivalités, y compris dans des rivalités dangereuses et risquées, ressemble à l'eau claire de la rivière, sans cesse en mouvement. Et l'humanité qui au contraire, veut toujours rester immobile, qui n'a plus de grandes passions, c'est une humanité qui ne donne plus le meilleur d'elle-même, et qui apparaît comme étant finalement troublée, envasée, sans intérêt. Donc, nous dit Kant, la nature se sert de tout : et il y a là quelque chose qui pourrait nous consoler, parce que nous, ce que nous voyons, ce sont les horreurs de l'histoire mais ce que voit Kant avec sa perspective universelle, c'est le progrès de l'esprit humain ; à travers ce qu'il y a de plus médiocre, de plus grave, de plus triste, de plus tragique même parfois, il y a ce qui nous élève le plus. Voilà ce que, dans la philosophie kantienne, nous pouvons tirer de consolation pour regarder le plan de la nature dans l'histoire, le plan de cette nature qui gouverne l'histoire. Vous l'avez compris, ici les deux se trouvent d'une certaine manière rejoints l'un par l'autre, liés l'un à l'autre, attachés d'une manière définitive. Et c'est ce progrès de la raison qui constitue l'espérance de ce moment philosophique, auquel nous revenons depuis tout à l'heure. L'histoire nous conduit inéluctablement vers un accomplissement de la rationalité, qui se joue même à travers ces aberrations ponctuelles que nous regardons ordinairement comme des accidents, des épreuves, ou comme le signe d'une condamnation définitive à la répétition du même. L'histoire progresse dans ces moments où ce qu'il y a en nous de plus fou vient servir aussi la raison. C'est ce que, sur ce plan, l'un des successeurs de Kant appellera la « ruse de la raison ».

Dans *La Raison dans l'histoire*, le philosophe Hegel nous permet de prendre en charge cette complexité tragique de l'histoire. L'histoire progresse, c'est un fait, Hegel en est absolument certain. L'histoire c'est le progrès de l'esprit dans l'histoire. Qu'est-ce que l'esprit ? Pour parler de l'esprit chez Hegel, il faudrait un peu de temps, mais disons très simplement que l'esprit est la conscience que la raison a d'elle-même, c'est-à-dire le fait que nous devenions progressivement conscients de notre propre capacité de penser, de notre capacité de comprendre, et ainsi, que nous devenions conscients de notre liberté. L'esprit, c'est la conscience que l'homme a de sa liberté. Et l'histoire, nous promet Hegel, c'est l'accomplissement de l'esprit, c'est-à-dire l'accomplissement de la conscience que l'homme a de sa liberté. L'histoire, c'est l'histoire de la liberté devenant consciente d'elle-même. Dans *La Raison dans l'histoire*, ainsi que dans d'autres textes que l'on peut retrouver parmi les *Leçons sur la philosophie de l'histoire*, nous retrouvons cette certitude absolue de Hegel, l'assurance que l'histoire est le chemin d'un progrès, et même d'un progrès continuel, bien que ce progrès, bien sûr, n'apparaisse pas à première vue.

Repartons de la dialectique du maître et de l'esclave. Souvenez-vous, je vous en ai déjà parlé. Après avoir emporté le combat originaire, celui qui devient le maître du vaincu en fait son esclave et se repose sur son travail. Mais de ce fait il devient dépendant de lui ; et tôt ou tard, il le paie en perdant son pouvoir : le maître alors devient l'esclave de l'esclave, et l'esclave, le maître du maître. Est-ce un jeu à somme nulle ? Un retour au point de départ ? À la fin, est-ce que rien ne change ? Eh bien si, quelque chose change : il y a bien sûr renversement, destruction de ce qui avait été créé, et retournement de ce qui avait été produit ; mais quelque chose a changé. Le nouveau maître n'est plus du tout comparable au premier. Le maître qui a été esclave sait exactement ce qu'est cette liberté si chèrement acquise. Il est beaucoup plus conscient de sa liberté que celui qui n'est pas passé par l'état de servitude. Quelque chose a changé. La liberté est désormais plus consciente d'elle-même. Il y a donc un progrès. Mais ce progrès s'opère de manière « dialectique », nous dit Hegel. Il implique nécessairement une forme de rupture, de destruction, de renversement, qui fait que la négation entre dans le processus. Le progrès n'est pas seulement positif, il est aussi négatif. C'est cela qui définit son caractère dialectique : le progrès n'est pas seulement productif. Il n'engendre pas seulement des biens nouveaux. Il détruit aussi des biens anciens. Et il ne peut pas se faire sans cela. C'est ce que Schumpeter consacrera en économie avec le principe de la « destruction créatrice » : au fond, cette intuition est déjà présente au cœur de l'hégélianisme, dans cette vision dialectique de l'histoire. Pour que quelque chose de meilleur naisse, il faut que ce qui est ancien disparaisse, et il ne peut en être autrement. Et c'est la raison pour laquelle nous avons tant de mal à voir le progrès dans l'histoire : au regard de ce progrès qui est en train de se réaliser, nous ne sommes pas le sommet de l'histoire. Nous sommes seulement une étape, et l'histoire progressera en dépassant cette étape, c'est-à-dire en nous dépassant, en nous marchant dessus pour le dire autrement... C'est assez désagréable, mais enfin c'est comme ça que cela se produit.

Dans les *Leçons*, non pas de philosophie de l'histoire, mais *d'histoire de la philosophie*, Hegel emprunte pour nous parler de la dialectique l'image très évocatrice de la plante – vous voyez qu'au fond, nous passons notre temps à faire un aller-retour entre la nature et l'histoire. Qu'est-ce qu'une plante ? Une plante, c'est toute une histoire, précisément. Au début, c'est une graine : elle est là dans la terre, elle est tranquille, bien au chaud. Et elle se dit, naïvement bien sûr : je suis la plante. Et d'un seul coup, boum ! la graine explose, et sort la tige. Pour que la tige advienne, il faut bien que la graine explose. Comme le dit la formule évangélique :

« Si le grain ne meurt, il ne porte pas de fruit. »

Il faut que la graine, dit Hegel, disparaisse pour que la tige arrive, pour que les racines puissent pousser. Et la tige sort de terre, glorieuse, et elle dit : eh, c'est moi la plante ! Mais pas du tout ! Car vient ensuite la feuille. Et après elle, le bourgeon. Et le bourgeon proclame au petit matin où il naît : je suis, moi le bourgeon, je suis l'être-là de la plante, c'est moi qui suis la plante. Mais pas du tout ! Le voilà bien vite démenti. Le bourgeon explose à son tour, et la fleur éclôt au soleil. Il faut que le bourgeon explose pour que la fleur jaillisse, bien sûr. Vous ne pouvez pas imaginer que la fleur conserve chacun des états antérieurs. La fleur ne peut pas rester une graine, elle ne peut pas rester un bourgeon, sans quoi il n'y aurait pas de fleur du tout. Qu'est-ce donc qu'une plante ? Eh bien, c'est une histoire, c'est un processus, c'est un progrès. Mais ce progrès est destructeur autant qu'il est créateur. Et pour qu'il soit créateur, il faut qu'il soit destructeur.

Et pour que les esclaves deviennent libres, il faut que les maîtres soient détruits, d'une certaine manière. Il faut que le maître perde en tous les cas sa maîtrise de l'esclave, pour que l'esclave prenne sa liberté. Le progrès ne peut pas faire que des heureux, ce n'est pas possible. D'ailleurs, il ne fait jamais que des heureux, il fait toujours des malheureux. Et c'est la raison pour laquelle il y a une contradiction majeure – et sur ce point Hegel accomplit l'intuition kantienne – entre le point de vue de l'individu historique, c'est-à-dire de l'individu que nous sommes chacun d'entre nous dans l'histoire, et le point de vue cosmopolitique, global, le point de vue universel pour reprendre ce que disait Kant. Évidemment, pour nous Européens, aujourd'hui c'est un peu pénible de nous trouver déclassés, pour nous Français en particulier, n'est-ce pas ? Nous avons été le centre du monde et nous gardons encore parfois l'impression tranquille de l'être. Et pourtant ce n'est plus le cas. Mais il fallait, pour que l'histoire progresse, que ceux qui étaient autrefois les maîtres du monde finissent par perdre cette maîtrise. Et ainsi chemine dans le temps la « conscience de la liberté » ; mais elle suppose d'accepter que nous ne sommes pas la fin de l'histoire, que nous ne sommes pas le dernier mot, le point final, que nous n'étions pas plus qu'une étape. Ce n'est pas très agréable d'être un bourgeon, c'est sûr ! Si vous regardez les choses du point de vue du bourgeon, le spectacle de la fleur qui éclôt n'est pas extrêmement plaisant ! Mais ce qui compte, dans cette perspective dialectique, c'est de considérer l'histoire dans sa globalité. Et ce qui est magnifique, c'est de la voir faire son œuvre à travers ces étapes qui sont chacune l'occasion d'un dépassement successif. Pour que ce dépassement s'opère – ce sont là deux enseignements que Hegel nous propose, qui viennent corroborer d'une certaine manière ce que Kant nous proposait – il faut la volonté des individus historiques ; mais les individus ne peuvent pas coopérer lucidement au progrès de l'histoire, ce n'est pas possible, puisqu'il y a une distorsion radicale et même une opposition complète entre le point de vue de l'individu et le point de vue universel. Comment les individus pourraient-ils dire : moi, je veux servir le progrès universel ? Ça n'arrive jamais. C'est tellement contraire à leurs intérêts ! Vous avez déjà vu, vous, un bourgeon qui dit : hâte d'exploser, moi, que la fleur puisse arriver ! Non, ça ne se produit pas. Le bourgeon veut rester bourgeon, d'une certaine manière, et ce n'est que la force vitale qui le traverse qui le fait se détruire pour que la fleur puisse advenir.

Il faut donc que l'histoire se joue à travers nos actions, sans que nous en soyons conscients. C'est ce que Hegel appelle la « ruse de la raison ». Nous croyons servir nos propres motivations, nous sommes habité par ce qu'il y a en nous d'immédiat, de plus individuel, de plus égoïste même ; et en fait nous sommes en train de servir le progrès universel dont nous n'avons pas conscience. Et si nous en avions conscience, d'ailleurs, nous ne le servirions pas, parce qu'il constitue l'occasion de nous dépasser nous-même et donc, de nous détruire nous-même en quelque sorte. C'est ce qui est arrivé à tous les « grands hommes ». Souvenez-vous : je vous en ai déjà parlé. Tous les grands hommes qui ont fait l'histoire, dit Hegel, ont un point commun : ils ont été détruits par l'histoire qu'ils faisaient. Nous avions évoqué ensemble l'exemple qui fascine le plus Hegel : Napoléon Bonaparte. Hegel travaillait à Iéna au moment où la ville a été envahie par Napoléon Bonaparte. Évidemment, c'est assez déplaisant de se faire envahir, mais Hegel est un homme de l'universel et il n'est pas un ingrat. Il mesure les effets inattendus des conquêtes napoléoniennes : bien sûr elles ont été éphémères, bien sûr Napoléon s'est rapidement effondré avec son projet impérial ; mais entre-temps, il aura laissé des acquis indélébiles. Il a eu le temps notamment, dans ces États allemands qui étaient si divisés, marqués par des traditions juridiques issues de la féodalité, d'imposer le code civil, le rayonnement d'un droit centralisé, rationnel. Quel incroyable progrès ! En conquérant son empire, Napoléon n'avait pas le projet de servir d'étape à l'histoire universelle, il avait le projet de devenir un grand empereur. Napoléon n'était pas animé par la raison, il était animé par toutes les passions humaines dans ce qu'elles ont de plus intense, de plus radical, de plus violent ! Mais, sans le savoir et sans le vouloir, il aura servi le progrès de la raison, de la rationalité. Voilà la « ruse de la raison » : elle se sert de ce qu'il y a en nous de plus passionnel, pour pouvoir faire avancer ce qu'il y a de plus rationnel.

Évidemment, cela se joue au prix de la destruction des individus historiques.

« L'amour heureux n'a pas d'histoire[1] », dit-on.

Et, sur la grande scène du monde, les époques heureuses sont des pages blanches de l'histoire. Dans une époque heureuse, il n'y a rien à raconter. Dans une époque heureuse, il ne se passe rien. Mais prenez par exemple la conquête napoléonienne, c'est une période épouvantable, et là pour le coup, il y a un grand destin. Là où l'histoire est grande, là se déploient les passions et surtout « là se joue le progrès véritable dans la conscience de la liberté ». Alors évidemment, qu'importe Napoléon broyé, au regard du progrès de l'histoire. Et qu'importent surtout les centaines de milliers de soldats morts dans l'expédition de Napoléon Bonaparte.

---

1. Denis de Rougemont, *L'Amour et l'Occident*, 1939.

C'est aussi ce que semble dire Turgot dans le texte que nous lisions tout à l'heure, dans un mot que j'ai découvert en préparant cette conférence, et qui ressemble à une ironie de l'histoire, pourrait-on dire littéralement. Turgot écrit à la fin de son discours :

« Enfin toutes les ombres sont dissipées. Quelle lumière brille de toutes parts ! Quelle foule de grands hommes dans tous les genres ! Quelle perfection de la raison humaine ! Un homme, Newton, a soumis l'infini au calcul ; a dévoilé les propriétés de la lumière qui, en éclairant tout, semblait se cacher elle-même ; a mis dans la balance les astres, la terre et toutes les forces de la nature. Cet homme a trouvé un rival. Leibniz embrasse dans sa vaste intelligence tous les objets de l'esprit humain. Les différentes sciences resserrées d'abord dans un petit nombre de notions simples, communes à tous, ne peuvent plus, lorsqu'elles sont devenues par leurs progrès plus étendus et plus difficiles, être envisagées que séparément ; mais un progrès plus grand encore les rapproche, parce qu'on découvre cette dépendance mutuelle de toutes les vérités qui en les enchaînant entre elles les éclaire l'une par l'autre ; parce que si chaque jour ajoute à l'immensité des sciences, chaque jour les rend plus faciles ; parce que les méthodes se multiplient avec les découvertes, parce que l'échafaud s'élève avec l'édifice. »

En lisant cette phrase, je me suis demandé ce que Turgot pouvait bien vouloir dire par cette expression curieuse : « L'échafaud s'élève avec l'édifice. » Pourquoi termine-t-il son discours par la mention de l'échafaud ?

Nous ne sommes qu'en 1750... Eh bien, parce que l'échafaud ne désigne pas du tout la guillotine avec laquelle on exécute un individu. L'échafaud, pour Turgot, renvoie seulement au premier sens du mot, que je ne connaissais même plus, et que le Littré m'a rappelé : l'échafaud, c'est simplement un outil pour le menuisier, qui lui permet de mesurer la forme des pierres. « L'échafaud s'élève avec l'édifice » : en affirmant cela, Turgot voulait seulement dire que nos moyens techniques augmentent et s'élèvent encore avec l'élévation de tout ce que nous avons construit par eux.

Mais bien sûr, en 1750 en particulier, cette formule a quelque chose de curieux, de paradoxal, quelque chose d'une ironie de l'histoire, au moment où Turgot termine son discours par un éloge « au grand roi Louis »... Alors, que retenir de cette intuition ? C'est que, précisément dans la perspective que nous propose Hegel, dans cette perspective dialectique, le progrès apparaît effectivement comme étant à double tranchant. « L'échafaud s'élève avec l'édifice. » Et peut-être y a-t-il dans ce regard quelque chose qui, il faut bien le reconnaître, a préparé le pire du XXe siècle ; parce que l'idée que la vie humaine finalement, une vie particulière, n'est pas si importante que cela au prix du progrès dans l'histoire – cette idée selon laquelle on peut sacrifier l'individu au progrès de l'universel – a été la matrice de tous les totalitarismes, et même de la barbarie inédite de la Grande Guerre, que nous commémorons bientôt. Mais si le progrès est à double tranchant, c'est peut-être pour une raison plus profonde encore que pour ce danger que représente une idéalisation de l'avenir qui nous ferait risquer tous les coups pourvu qu'il puisse s'accomplir.

Sans doute en effet l'histoire de l'homme, à travers ce que nous regardons comme un progrès, est-elle finalement, non pas l'occasion de cheminer dans la conscience de la liberté, mais de la perdre progressivement. Celui qui lance cela, comme une sorte de fausse note dans le concert des XVIIIe et XIXe siècles, celui qui prend le contrepoint de cette croyance en la lumière qui se fait dans l'histoire, de cette passion des Lumières, c'est Jean-Jacques Rousseau. Vous connaissez tous, réminiscence de terminale, cette expression qui condense toute la philosophie rousseauiste :

> « La nature a fait l'homme heureux et bon, mais [...] la société le déprave et le rend misérable[1]. »

L'homme est bon par nature : la condition humaine, originairement, est parfaitement bonne. Au fond, on peut dire que Rousseau a eu une seule idée, et qu'il l'a répétée pendant toute sa vie – c'est souvent ce qui fait un très grand philosophe. Cette capacité à mûrir sans cesse une grande idée et à la décliner dans des directions différentes caractérise vraiment l'œuvre de Rousseau. Par

1. *Rousseau juge de Jean-Jacques*, 3e dialogue.

un petit matin de 1749, en plein moment de fascination pour le progrès, à la veille d'ailleurs de ce discours de Turgot que je vous lisais à l'instant, Rousseau va visiter son ami Denis Diderot qui est emprisonné au fort de Vincennes. Et, en marchant sur le chemin, il lit dans Le Mercure de France une question posée par l'Académie de Dijon. Dans un moment d'ébullition intellectuelle sans précédent [c'est un concours lancé par cette académie de province, comme il y en avait beaucoup] la question qui est posée est la suivante : « Si le progrès des sciences et des arts a contribué à corrompre ou à épurer les mœurs. » Pour les érudits qui proposent ce sujet, la réponse à une telle question ne saurait être qu'une sorte d'évidence rhétorique, l'occasion d'un moment d'éloquence : il s'agit naturellement de composer un éloge du progrès.

Mais à cette lecture, Rousseau est saisi d'une sorte d'inspiration soudaine, qu'il décrira plus tard comme une illumination. L'évidence lui apparaît bien différente. En réalité, tout le problème est là : les sciences et les arts ont perdu le genre humain. Les sciences et les arts, la culture, tout ce qui lie une société, tout ce qui se transmet d'une génération à une autre, tout cela est une catastrophe absolue pour l'humanité, pour notre nature humaine perdue à jamais. Plus nous avons progressé dans la vie en société, dans la conscience, la science, la raison, plus nous sommes devenus artistes, plus nous sommes devenus inhumains ; nous avons perdu cette nature première innocente, que l'on devine encore dans la condition animale. Regardez l'animal : il est incapable de vouloir le mal. L'animal tue, bien sûr, mais seulement pour se nourrir. Ce n'est pas de la méchanceté, de la violence gratuite. Eh bien, il faut supposer que l'homme, dans son état naturel, était comme l'animal, d'une innocuité parfaite, d'une innocence absolue. L'homme n'est pas naturellement sociable. La vie en société est un accident de l'histoire. L'histoire n'aurait pas dû exister, d'ailleurs. Nous aurions dû rester dans l'ordre de la nature, dans cette continuité parfaite qui n'a pas de mémoire ; et qui n'a tellement pas de mémoire que nous n'en avons pas gardé le souvenir.

Au commencement de l'humanité, racontera Rousseau dans le *Discours sur l'origine et les fondements de l'inégalité parmi les hommes*, l'homme est parfaitement solitaire. Il subvient très bien tout seul à ses besoins.

« En le considérant en un mot tel qu'il a dû sortir des mains de la nature, je vois un animal moins fort que les uns, moins agile que les autres, mais, à tout prendre, organisé le plus avantageusement de tous : je le vois se rassasiant sous un chêne, se désaltérant au premier ruisseau, trouvant son lit au pied du même arbre qui lui a fourni son repas ; et voilà ses besoins satisfaits. »

N'était-ce pas le bonheur ? A-t-on vraiment progressé, depuis ? Voyez nos journées épuisantes, le travail et les préoccupations infinies qui pèsent sur chaque instant…

À quoi nous a servi tout cela, toute cette sophistication de la vie en société ? En fait, l'homme n'a pas du tout besoin de vivre en société. C'est arrivé par hasard. Pour quelle raison ? Nous en savons bien peu de chose, nous dit Rousseau. Sans doute est-ce arrivé par accident. Il s'est produit que les hommes ont commencé à se regrouper. Jusque-là, ils vivaient comme des solitaires. Alors de temps en temps, bien sûr, il se passait qu'un homme croisait une femme, et un enfant naissait. Rousseau prétend que la femme s'occupait de l'enfant, pendant que le père pouvait joyeusement s'en aller. Et quand l'enfant était sevré, quand il pouvait se débrouiller tout seul, la mère le quittait ; elle ne le reconnaissait pas quelques années plus tard. L'homme est un être solitaire. Tout le reste est construction sociale. La société est née parce que nous nous sommes regroupés, pour une raison très étrange, en tous les cas accidentelle. Mais enfin, nous sommes restés ensemble. Nous avons commencé à émettre des sons articulés, qui sont devenus un langage ; nous avons commencé à parler.

Et nous avons commencé, dans cette nouvelle vie en société, à nous regarder les uns les autres. Besoin de reconnaissance, qui n'a rien de naturel, dit Rousseau : l'animal n'a pas besoin de reconnaissance. Mais nous avons eu besoin d'être reconnu par les autres, d'être admiré. Alors ont commencé les premières passions de l'amour, de la jalousie, et la compétition sociale. Que veut dire vivre en société ? Cela veut dire vivre en permanence sous le regard des autres, vivre même du regard des autres, attendre d'eux qu'ils légitiment ce que nous faisons. Voilà ce qu'est la vie en société : une course perpétuelle (et perpétuellement frustrée) pour la reconnaissance d'autrui. Y avons-nous vraiment gagné ? N'aurait-il pas été meilleur de rester dans l'état de nature, tout près de la condition animale ? Rousseau se désole du meilleur qui nous est arrivé :

> « L'homme qui médite est un animal dépravé. »

On était bien mieux avant de commencer à réfléchir ! L'existence était bien plus tranquille, plus paisible. Et voilà que nous nous sommes imposé à nous-mêmes toutes ces complications superflues, que nous avons appelées « progrès ». Alors oui, c'est vrai, nous avons progressé d'une certaine manière. Nous avons progressé, puisque la nature humaine se distingue par ce que Rousseau appelle la « perfectibilité », la faculté de développer des savoirs et des savoir-faire nouveaux. Nous sommes devenus capables d'apprendre. Nous avons appris beaucoup. Nous avons acquis tant de pouvoir par la technique et la technologie. Regardez tout ce que l'homme a su transformer dans le monde, combien il dompte la nature, et comme il repousse ses frontières… Mais tout ce progrès, en réalité, n'a été que pour signer la dégradation progressive de notre condition naturelle.

Il n'y a plus d'homme de l'état de nature, bien sûr ; mais nous avons traversé les océans, dit Rousseau, et nous avons rencontré, au-delà des mers, cette figure qui passionne la philosophie des Lumières : la figure du bon sauvage. Les « sauvages » de l'époque des Lumières ne ressemblent pas aux hommes de l'état de nature tels que Rousseau les imagine, parce qu'ils vivent déjà dans des sociétés, mais enfin ce sont des sociétés très primitives, considèrent les Européens. Elles sont tout près de l'état naturel. Elles ressemblent aux premières sociétés du monde. Nous avons l'impression, nous Européens, d'avoir beaucoup progressé par rapport à elles. Nous avons l'impression de savoir beaucoup plus, de pouvoir beaucoup plus et c'est la raison pour laquelle d'ailleurs, en toute bonne conscience, animés par notre certitude d'être le dernier mot de l'histoire, nous avons colonisé ces peuplades lointaines, pour leur apporter la civilisation. C'est, vous vous en souvenez, le mot de Jules Ferry dans un discours de 1885 :

> « Les races supérieures ont le devoir de civiliser les races inférieures. »

Mais qui est vraiment inférieur ? demande Rousseau. Qui est vraiment inférieur dans l'histoire ? Comparons le sauvage et le colonisateur. Comparons celui qu'on appelle aujourd'hui l'Amérindien avec l'Européen. Comparons le colonisé avec celui qui vient à sa rencontre armé d'un sentiment si certain de sa propre supériorité. Bien sûr, nous arrivons en bateau, avec des armes à feu, des outils, des machines, ces disposifs techniques impressionnants ;

mais ils correspondent à autant de facultés que nous avons perdues dans nos corps.

« Le corps de l'homme sauvage étant le seul instrument qu'il connaisse [écrit Rousseau], il l'emploie à divers usages, dont, par le défaut d'exercice, les nôtres sont incapables, et c'est notre technique qui nous ôte la force et l'agilité que la nécessité l'oblige d'acquérir. S'il avait eu une hache, son poignet romprait-il de si fortes branches ? S'il avait eu une fronde, lancerait-il de la main une pierre avec tant de raideur ? S'il avait eu une échelle, grimperait-il si légèrement sur un arbre ? S'il avait eu un cheval, serait-il si vite à la course ? Laissez à l'homme civilisé le temps de rassembler toutes ses machines autour de lui, on ne peut douter qu'il ne surmonte facilement l'homme sauvage ; mais si vous voulez voir un combat plus inégal encore, mettez-les nus et désarmés vis-à-vis l'un de l'autre, et vous reconnaîtrez bientôt quel est l'avantage d'avoir sans cesse toutes ses forces à sa disposition, d'être toujours prêt à tout événement, et de se porter, pour ainsi dire, toujours tout entier avec soi. »

« De se porter, pour ainsi dire, toujours tout entier avec soi. » La formule est magnifique ! Bien sûr, avec une voiture nous allons plus vite que l'homme de l'état de nature. Mais maintenant, lançons-nous le même défi, en nous mettant chacun, désarmé, sans outils, l'un face à l'autre, et alors nous verrons combien nous avons perdu. Il n'est pas besoin de regarder si loin que l'homme de l'état de nature, pas même besoin de remonter jusqu'à ce bon sauvage tel que les Européens le décrivaient bien naïvement.

Il suffit de considérer par exemple ceux qui nous ont précédés, il y a une, deux, trois générations. Bien sûr, nous avons à côté d'eux un arsenal technologique beaucoup plus impressionnant. Avec un smartphone, nous ne doutons pas que nous nous repérons plus facilement dans Paris qu'un Parisien il y a trente ans. Mais qu'on nous retire le smartphone, et alors on verra bien ce qui se passe. Avec cet outil dans nos poches, nous sommes presque tout-puissants. Mais cette toute-puissance que nous avons l'impression d'avoir acquise, en réalité, est le signe de notre impuissance inédite : dès que le smartphone s'éteint, nous sommes complètement perdus. Je lisais récemment que les psychiatres ont identifié une nouvelle maladie psychique qu'ils appellent la nomophobie *(no mobile phobia)*, le sentiment que nous avons d'être – pour reprendre le mot de Rousseau – littéralement tout nus, dès lors qu'on nous enlève notre téléphone portable. Oubliez-le un jour en partant de chez vous, le monde devient soudainement infiniment plus compliqué. Que se passe-t-il dans le monde ? Comment se rapporter aux autres ? Comment leur parler ? Comment entrer en lien avec eux si nous ne savons plus ce qu'il y a à nous raconter ? Comment nous déplacer dans l'espace ? Comment trouver les horaires du prochain train ? Bref, nous sommes totalement désarçonnés si l'on nous retire cet objet qui est aujourd'hui notre intermédiaire nécessaire avec le monde qui nous entoure. Bien sûr, nous pouvons répondre à n'importe quelle question sur la nature environnante avec un moteur de recherche dans nos poches. Mais qu'on nous l'enlève, nous ne savons pas reconnaître la feuille d'un arbre d'une autre feuille, un oiseau d'un autre, un paysage, ou un nuage… Ce n'est pas nécessaire de remonter jusqu'à l'état sauvage. Nous croyons avoir progressé. Mais tout notre progrès n'a fait que constituer l'occasion de notre décadence progressive. Voilà ce que nous dit Rousseau. Évidemment, ce n'est pas très joyeux, mais nous pouvons le reconnaître volontiers, n'est-ce pas ?

« S'il avait eu un cheval, serait-il si vite à la course ? »

Est-ce qu'au fond nous ne vivons pas ce glissement qui consiste à déléguer peu à peu aux objets que nous produisons les facultés les plus fabuleuses et les plus nécessaires à notre condition humaine ? Nous discutions de cela avec un ami il y a quelques jours. C'est une telle chance, me disait-il, nous avons dans notre poche une mémoire extraordinaire. En réalité, nous n'avons pas dans notre poche une mémoire extraordinaire : c'est la mémoire d'un outil. Elle ne ressemble pas du tout, d'ailleurs, à la mémoire humaine. Mais parce que nous croyons avoir dans nos poches une mémoire extraordinaire qui retient pour nous toute la poésie du monde, eh bien nous avons oublié d'apprendre un peu de poésie nous-mêmes. Et des dates, des lieux de batailles, des noms de villes, des histoires de famille, des légendes épiques ou des contes pour les enfants, et tant d'autres choses encore… Et ainsi, nous n'avons plus du tout de mémoire. Notre mémoire est atrophiée. Nous n'avons pas plus de mémoire avec un smartphone dans nos poches que les générations qui nous ont précédés. Au contraire, nous avons perdu l'expérience même d'apprendre quelque chose par cœur. Et nous avons l'impression, parce que nous n'avons plus de mémoire, d'avoir perdu jusqu'à notre attention au monde, et d'être totalement diffractés, dispersés, dans la fluctuation du présent, dans ce règne de l'immédiateté. Inutile de vous l'expliquer, vous sentez, vous savez cela comme moi. Nous le savons tous ensemble. Il y a dans nos outils, dans notre propre pouvoir, quelque chose qui, en réalité, échappe à notre pouvoir. Nous pensons être de plus en plus les maîtres, et nous avons pourtant l'impression d'être de plus en plus les esclaves de ce par quoi nous prétendions maîtriser le monde qui nous entoure. Y a-t-il un progrès dans l'histoire ? Mais où est vraiment ce progrès ?

Pour le comprendre, arrêtons-nous peut-être simplement sur cette distinction décisive que nous propose un auteur étonnant, à la fois philosophe et économiste, un contemporain ou presque : Georg von Radkowski. Il est très peu connu, mais il mérite d'être lu. Radkowski, que j'ai déjà cité ici l'année dernière, est l'auteur d'un livre magnifique intitulé *Les Jeux du désir*, un livre très singulier dans son écriture. C'est un texte d'économie qui s'accompagne de réflexions philosophiques – chaque paragraphe d'économie est suivi d'un paragraphe de philosophie qui l'explicite. C'est vraiment un texte passionnant, qui nous oblige à réfléchir justement à cette question du progrès, et notamment à notre croyance tellement commune aujourd'hui dans ce qu'on appelle le progrès technique. En réalité, dit Radkowski, il n'y a pas de progrès technique.

Il n'y a de progrès que par rapport à quelque chose d'extérieur à la technique, par rapport à un bien que nous avons déterminé comme étant une valeur absolue, qu'un nouveau dispositif technique nous permet d'économiser, de conserver, de protéger, de préserver. Le train à grande vitesse est un progrès technique si nous voulons économiser du temps. Et si c'est le temps qui a de la valeur pour nous, alors effectivement le train est un progrès. Mais si c'est notre attention au monde qui compte, alors la marche est de toute évidence supérieure au train à grande vitesse. Les débats d'actualité le montrent suffisamment : la voiture est un progrès par rapport à la marche à pied ou au vélo si nous voulons aller plus vite. Mais si nous voulons économiser les ressources fossiles, si nous voulons protéger la planète, si nous voulons faire attention à la qualité du monde qui nous entoure, alors le vélo, la marche même, sont un progrès par rapport à la voiture. Il n'y a pas de progrès en soi. Et voilà sans doute la fausse évidence que nous devrions disqualifier.

Sans doute faut-il refuser de nous résigner à l'idée que tout est toujours pareil, que tout revient toujours au même. Il faut bien sûr apprendre de ses erreurs, et tenter de faire des progrès. Sans doute même est-ce ce à quoi nous aspirons tous. Mais ce avec quoi nous devons rompre définitivement, c'est l'illusion d'un progrès qui s'accomplirait nécessairement dans l'histoire à travers toutes les nouveautés, à travers tous les changements, à travers tout ce qui vient apporter quelque chose d'inédit dans notre existence collective, comme dans nos vies personnelles. Il n'y a pas de progrès en soi. Le progrès ne peut être tel que par rapport à ce que nous avons déterminé dans notre propre décision comme étant le but visé, comme étant la valeur absolue, celle au regard de laquelle nous déterminerons qu'un dispositif nouveau, qu'une innovation, qu'un changement sont, ou non, des progrès. Et la question qui se joue alors n'est pas celle de savoir s'il faut accepter ou non le progrès. La question qui se présente à nous n'est pas celle de savoir s'il faut vouloir l'avenir, ou chercher à revenir au passé. Tout cela n'a aucun sens : on ne retourne jamais dans le passé. C'est le propre du passé, nous en avons parlé ensemble, qu'il est passé pour toujours. Mais c'est aussi le propre du passé qu'il vient par la mémoire, qui le constitue en souvenir, se rassembler dans le présent. C'est aussi le propre du passé qu'il peut nous éclairer quant aux choix que nous avons à faire aujourd'hui. Il ne s'agit pas de vouloir, ou non, le futur. Il s'agit de déterminer ce qui sera pour nous un progrès. Quel est l'avenir que nous voulons faire advenir ? Et c'est ici qu'intervient la définitive nécessité de l'activité politique.

La politique est justement le lieu par lequel nous travaillons ensemble à définir ce que nous voulons poursuivre, à fixer ces progrès que nous voulons rendre possible. Et la politique consiste à faire avec la contingence de l'histoire : rien n'est écrit d'avance. Le futur n'est pas écrit d'avance. Nous parlions ensemble, en évoquant la question du passé, de la magnifique pensée de Bergson qui voulait déconstruire l'idée que nous nous faisons cette flèche du temps, cette flèche sur laquelle serait déjà écrit l'événement à venir, serait déjà présent tout ce qui n'est encore que futur. Bergson rapporte dans *La Pensée et le mouvant*, qu'un journaliste l'interrogeait un jour sur l'avenir de la littérature :

« "Comment concevez-vous, par exemple, la grande œuvre dramatique de demain ?" Je me rappellerai toujours la surprise de mon interlocuteur quand je lui répondis : "Si je savais ce que sera la grande œuvre dramatique de demain, je la ferais." Je vis bien qu'il concevait l'œuvre future comme enfermée, dès alors, dans je ne sais quelle armoire aux possibles ; je devais, en considération de mes relations déjà anciennes avec la philosophie, avoir obtenu d'elle la clef de l'armoire. "Mais, lui dis-je, l'œuvre dont vous parlez n'est pas encore possible." »

Il faudra que l'action humaine la rende possible pour qu'elle puisse advenir sur la scène de la littérature. Il en va de même de tout notre rapport au futur. Quel progrès véritable adviendra demain ? Que pouvons-nous déterminer comme étant authentiquement le progrès que nous voulons suivre ? Voilà la grande question que rencontre la politique, précisément parce que l'histoire n'est pas écrite d'avance. Il ne suffit pas de faire comme s'il y avait d'un côté ceux qui veulent aller de l'avant, et de l'autre côté ceux qui veulent revenir en arrière. La question qui nous est posée avec tout notre présent, dans ce qu'il a de bon et dans ses imperfections, est la suivante : comment rendons-nous possible un véritable progrès ? Au regard de quelle valeur absolue, au regard de quel but invariable allons-nous déterminer notre chemin pour progresser ? Que voulons-nous économiser ? Et qu'acceptons-nous de perdre ? Qu'est-ce qui est pour nous important, et qu'est-ce qui ne l'est pas ? Voilà la question fondamentale. Et cette expérience de la politique suppose d'abord de reconnaître que le progrès n'est pas écrit d'avance.

C'est ce que nous dit, et c'est le dernier auteur que nous pourrions citer pour méditer sur le progrès, ce grand philosophe allemand, qui est aussi un grand sociologue, Max Weber. Dans *Le Métier et la vocation de politique*, Max Weber reprend une perspective qu'il avait déjà proposée en réfléchissant sur l'histoire, à l'occasion d'un ouvrage précédent, les *Essais sur la théorie de la science*. Que veut dire étudier l'histoire ? nous demande Weber. Étudier l'histoire, cela veut dire comprendre comment les événements se sont produits, et comprendre comment tels événements ont occasionné tels effets, telles conséquences sur l'histoire. Et comment savoir que les événements sont liés entre eux par une relation de cause à conséquence ? Eh bien, seulement par un effort d'abstraction, vous voyez. Que fait le biologiste quand il tente de savoir à quoi sert un organe ? Il regarde ce qui se passe quand cet organe est retiré. Nous comprenons à quoi sert un organe quand nous regardons vivre un organisme dont il a été abstrait. Savoir à quoi sert un organe au milieu d'un organisme, c'est savoir ce qui se passerait si nous n'en disposions pas. Eh bien, l'historien doit faire à peu près la même chose. L'historien qui étudie l'histoire, en fait, consciemment ou inconsciemment, ne cesse de se demander – et la question est vertigineuse : que serait-il arrivé si les choses n'avaient pas été ainsi ? Pour comprendre les effets de la victoire des Grecs dans la bataille de Marathon, il faut se poser la question : que serait-il arrivé si les Grecs avaient perdu la bataille de Marathon, et si les Perses l'avaient gagnée ? Et c'est à cette question que l'on reconnaît l'ampleur des conséquences de la bataille de Marathon. Faire de l'histoire, c'est donc se confronter à la contingence de l'histoire. L'historien passe son temps, consciemment ou inconsciemment, à étudier ce qui ne s'est pas produit, ce qui n'est pas arrivé ; il étudie, d'une certaine manière, ce qui n'est pas disponible, tout ce qui n'a pas été. Et c'est à côté de ce qui n'a pas été que nous regardons ce qui s'est passé, et que nous pouvons comprendre l'ampleur des conséquences de tel ou tel événement. Pour le dire autrement, faire de l'histoire, c'est rencontrer la contingence de l'histoire. Tout n'est pas écrit d'avance. Les Grecs auraient pu perdre la bataille de Marathon. Le destin de notre civilisation aurait été totalement différent, et il s'en est fallu de peu d'ailleurs ! Donc, nous dit Weber, l'histoire est marquée par cette contingence.

Eh bien, c'est à cette contingence que la politique elle aussi doit faire face. C'est à cette contingence que nous nous confrontons lorsque, comme citoyens, nous regardons le monde dans lequel nous sommes, et que nous nous demandons quels sont les progrès que nous voulons lui apporter. Rien n'est écrit à l'avance. Ne nous laissons pas enfermer dans l'illusion que certaines choses seraient par définition des progrès, simplement parce qu'elles sont nouvelles. Nous devons regarder le progrès comme étant ce que cherche notre délibération, et ce qui requiert notre effort. Et peut-être ne l'atteindrons-nous pas... La politique n'est rien d'autre que cela. Elle consiste à se confronter à la contingence de l'histoire, pour pouvoir assumer, à la suite de ceux dont nous héritons, notre responsabilité devant l'avenir.

Y a-t-il un progrès dans l'histoire ? D'une certaine manière, cette question nous est à tous renvoyée. Elle appartient à chacun d'entre nous. Y aura-t-il un progrès dans l'histoire ? Cela dépend de nous... Et peut-être seulement de nous, de notre vertigineuse, définitive, écrasante et magnifique liberté. Quant à savoir ce qu'est exactement le contour de cette liberté, cela, chers amis de la vérité, c'est encore une autre question....

## *Qu'attendons-nous pour être heureux ?*

Toutes les bonnes choses ont une fin. Mieux vaut ne pas attendre qu'elles soient terminées avant de les vivre vraiment. Alors, qu'attendons-nous pour être heureux ? Ce sera le thème de notre dernière soirée. Qu'attendons-nous exactement pour nous décider enfin à goûter pleinement cette vie, pour saisir la chance immense, le trésor exceptionnel que constitue cette existence ? Et pourtant, nous le savons bien, nous attendons tous quelque chose : la fin d'une épreuve, la résolution d'un problème, l'obtention de quelque bien qui occupe notre esprit. Faut-il attendre encore, ou faut-il se résigner à prendre les choses comme elles sont ? Qu'attendons-nous exactement pour réaliser complètement ce qui fait notre existence ? Qu'avons-nous raison d'attendre ? Qu'aurions-nous raison d'ignorer ? Qu'attendons-nous pour être heureux ?

Qu'en est-il exactement de ce but de nos existences que, remarquons-le ensemble, nous sommes tous en train d'attendre ? Nous avons tous devant nous, j'en suis sûr, le sentiment qu'il faudrait que quelque chose puisse arriver pour qu'enfin nous soyons heureux. La question n'est pas : attendons-nous le bonheur ?, mais plutôt : qu'attendons-nous exactement pour pouvoir être heureux ? Quelle est la nature de cette attente ? Quel est l'objet de cette attente ? Nous pouvons, chacun, nous poser cette question toute simple : quel est cet objet que vous attendez et dont vous vous dites aujourd'hui que le fait de l'obtenir suffirait à vous rendre heureux ? Avez-vous raison d'attendre ? Avons-nous raison de l'attendre, cette condition du bonheur ? Avons-nous raison de croire qu'il pourrait enfin venir un moment qui serait celui de la félicité donnée, enfin offerte, enfin comblée ? Y a-t-il un moment où nous pourrons nous dire enfin arrivés à ce bonheur que nous cherchons, à ce bonheur que nous attendons ?

Dans cette formule : qu'attendons-nous pour être heureux ?, il n'y a pas seulement une question, mais aussi une injonction. Vous connaissez peut-être ce qui a inspiré lointainement le titre de cette soirée, cette chanson de Ray Ventura en 1937 : « Qu'est-ce qu'on attend pour être heureux ? Qu'est-ce qu'on attend pour faire la fête ? » C'est une chanson dont le contenu philosophique n'est pas absolument certain, qui a été diffusée dans un album intitulé *Vive les bananes ! (rires)* mais qui porte avec elle cette injonction finalement très sérieuse, qui n'est pas seulement une question : qu'est-ce qu'on attend ? Mais qu'est-ce qu'on attend ? Est-ce qu'il ne faudrait pas y aller ? Est-ce qu'il ne faudrait pas enfin être heureux ? Est-ce qu'il ne faudrait pas maintenant faire la fête ? Qu'est-ce qu'on attend encore ? Dans cette chanson de Ray Ventura, nous pouvons trouver, au fond, le signal d'une forme de révolte intérieure : ça suffit ! Il faut arrêter d'attendre ! Il faut arrêter de penser que c'est toujours pour demain, que c'est toujours pour plus tard ! Qu'est-ce que vous pouvez espérer posséder de plus, qui pourrait vous rendre plus heureux ? En réalité, le bonheur n'est peut-être pas dans le fait que nous obtenions ce que nous attendons, ou pour le dire autrement le bonheur n'est peut-être pas dans le fait d'obtenir une satisfaction quelconque.

Nous avons déjà croisé à plusieurs reprises cette mécanique du désir si singulière, si étonnante. Nous avons déjà parlé de cette illusion qui nous fait croire, à chaque désir qui se présente devant nous, que le moment où il sera satisfait s'accompagnera enfin d'une félicité absolue – alors qu'en réalité nous l'avons tous déjà vécu : lorsqu'un désir est comblé, quelle est la première chose qui se produit ? Un autre désir survient, bien sûr ! Et d'une certaine manière, plus nos désirs sont satisfaits, plus de nouveaux désirs naissent. Plus nos désirs sont satisfaits, plus nous avons de chances de vivre l'expérience d'une frustration permanente, d'une sorte de déception perpétuelle ; cela revient à dire : si nous croyons que le bonheur est toujours pour demain, alors nous sommes condamnés à cette déception structurelle. En réalité, le bonheur n'est peut-être pas dans le fait d'obtenir ce que nous désirons.

La question du désir nous renvoie à ce grand paradoxe qui se manifeste si souvent dans le concret de nos vies. On pourrait citer cette expérience évoquée par Easterlin. Cet économiste a montré – c'est un paradoxe de la satisfaction – ce qu'il en était par exemple de notre rapport à l'argent ; parce que, ne mentez pas, je suis sûr que quand nous nous sommes dit : qu'attendons-nous pour être heureux ?, certains au moins dans cette pièce se sont dit : si je pouvais gagner un peu mieux ma vie ! Eh bien Easterlin montre une chose tout à fait surprenante : en fait, la satisfaction que nous avons dans l'existence, le degré de bonheur que nous déclarons, dépend en très grande partie, parce que nous sommes des êtres sociaux, de la manière dont nous nous comparons à ceux qui sont autour de nous. Et un individu est statistiquement plus heureux (ou a plus de chances d'être heureux) quand il gagne 2 000 euros dans une entreprise où tout le monde en gagne 1 000, que quand il gagne 3 000 euros dans une entreprise où tout le monde en gagne 10 000. Qu'est-ce qu'on attend pour être heureux ? Au fond, nous regardons toujours les autres avec ce désir d'obtenir ce qu'ils possèdent, de telle sorte, montre Easterlin, que, de façon purement statistique là encore, il se produit ce phénomène étonnant : plus vous gagnez d'argent, plus vous devenez riche, plus vous fréquentez des gens qui sont encore plus riches que vous, avec une inégalité de revenus bien plus importante que si vous ne fréquentiez que des gens peu ou mal payés. Et par conséquent, plus votre rémunération augmente, plus vous avez de chances de vous sentir frustré, parce que vous avez le sentiment que tous les gens qui vous entourent sont toujours plus chanceux que vous, plus heureux que vous.

Alors, plutôt que d'espérer toujours plus, de vouloir toujours autre chose, de regarder toujours les autres, ne pourrions-nous pas simplement considérer ce que nous sommes, ce que nous avons aujourd'hui, ce que nous avons reçu, et que nous avons la chance de pouvoir cultiver ? Et si après tout le bonheur était là ?

Il faudrait seulement, comme le dit une formule attribuée à saint Augustin, non pas désirer ce que nous ne possédons pas encore, mais réapprendre à désirer ce que nous possédons déjà.

Peut-être tout le bonheur consiste-t-il dans le fait d'aimer ce que nous avons reçu comme si nous ne le possédions pas ; et tout le malheur, dans la seule expérience vraiment terrible de l'existence, qui est de conjuguer le bonheur uniquement au passé, quand on n'a pas su en goûter la présence.

Mais, d'une certaine manière, vous ne mesurez même pas que tout va bien. C'est le jour où un accident ou une maladie vous fera perdre l'usage d'un organe que vous direz : comme la vie était belle, et comme j'étais heureux quand j'étais en bonne santé ! Nous avons déjà évoqué cette belle définition de Leriche, qui dit que :

« La santé, c'est la vie dans le silence des organes [1]. »

La santé, c'est la vie quand mon corps ne me parle pas, quand il se laisse oublier. Par conséquent, la santé est un bien infiniment précieux, mais dont on ne mesure la valeur qu'au moment où on commence à le perdre, au moment où il s'éloigne de nous. Nous sommes malheureux de perdre ce que nous ne nous savions pas heureux d'avoir.

Le bonheur perdu est même, en réalité, le seul malheur qui soit. Nous ne regrettons pas ce que nous n'avons jamais possédé.

Vous ne vous levez pas le matin en vous disant : quelle tragédie, je ne suis pas roi ! Non, en revanche, si vous aviez été roi et que vous aviez été chassé du trône, vous vous lèveriez sans doute tous les matins en vous disant : quelle situation épouvantable, j'ai perdu ma couronne, je ne suis plus roi ! Eh bien, dit Pascal, nos malheurs ont tous quelque chose à voir avec ce sentiment de perte : « Ce sont misères de grand seigneur, misères d'un roi dépossédé. »

Vous connaissez cette phrase magnifique et terrible de Prévert, qui dit :

« J'ai reconnu le bonheur au bruit qu'il a fait en partant. »

---

1. René Leriche, chirurgien français, cité par Georges Canguilhem dans *Le Normal et le Pathologique*, PUF, 2013.

C'était donc cela, le bonheur. Une telle formule définit précisément ce que serait la catastrophe de nos vies, vous voyez. Et peut-être, à bien y réfléchir, serait-ce une catastrophe aussi au sens où celui qui dit que le bonheur ne s'est fait reconnaître qu'en quittant sa vie, est celui qui ne reconnaît pas qu'il y reste encore bien des choses qui méritent d'être contemplées, estimées à leur juste valeur – des biens peut-être pauvres et fragiles, mais qui peuvent devenir enfin l'occasion d'un véritable bonheur à condition de ne pas désirer toujours ce que nous ne possédons plus, mais de se remettre à désirer ce que nous possédons déjà, d'aimer ce que nous possédons déjà comme quelque chose de désirable. Et c'est la raison pour laquelle, oui, nous pouvons nous poser cette question : qu'attendons-nous pour être heureux ? Parce que, bien plus que de conditions extérieures, le bonheur se nourrit d'abord d'un engagement intérieur.

Si nous prenons au sérieux ce que nous venons de montrer, alors nous pouvons dire que le bonheur est aussi une affaire de choix, une affaire de volonté. Comme le dit Alain dans les *Propos sur le bonheur* :

> « Il y a plus de volonté qu'on ne le croit dans le bonheur. »

Alain étudie la situation d'une personne qui change d'humeur en permanence, et qui sans cesse est capable, soit de s'enthousiasmer d'un rien, soit de se plaindre même des plus grands biens. Nous savons tous que nous sommes capables de jeter sur ce qui nous entoure un regard déjà décidé, d'une certaine manière, selon la lumière que nous voudrons donner à ce qui vient de nous arriver : on peut se plaindre même des succès qu'on obtient, on peut s'inquiéter même des victoires qu'on remporte, on peut soupçonner même les éloges qu'on reçoit, on peut se lamenter même de la confiance qu'on nous porte. Au fond, tout est une affaire de volonté. On peut choisir de regarder le monde avec émerveillement, avec ce souhait absolu de voir ce qu'il y a en lui de plus beau ; ou on peut au contraire, au milieu de la plus extrême richesse, se trouver parfaitement déprimé, et se plaindre de la vacuité de toute chose. Il y a là un choix à faire.

« Il y a plus de volonté qu'on ne le croit dans le bonheur », dit Alain.

Parce qu'au fond, si nous voulons bien y regarder, le bonheur ne se trouve pas dans ce que nous ne possédons pas encore, mais seulement dans le regard que nous portons sur ce qui se trouve dans nos mains. Nous avons déjà parlé de ce ressentiment avec lequel le monde contemporain, passionné par le changement perpétuel, nous fait regarder ce que nous avons acquis, ce que nous avons construit comme étant toujours moins bien que ce qui pourrait être un jour. Mais peut-être faut-il accepter de regarder de nouveau avec émerveillement les réalités présentes, et non pas seulement le futur, ou le possible. Peut-être faut-il trouver le bonheur non dans ce qui pourrait s'ajouter à ce qui existe, mais dans le fait même d'exister, dans la joie que ce qui existe soit. Que ce monde soit : voilà qui peut-être est déjà, en soi, un motif d'émerveillement. Que les choses soient, et que nous soyons, et que vous soyez là : n'est-ce pas déjà une infinie raison d'être heureux ?

Dans les *Propos d'un Normand*, un recueil des chroniques qu'il consacrait chaque jour à l'actualité, Alain se penche sur un événement absolument tragique, le suicide d'un adolescent. Et il se demande comment, à l'aube de la vie, on peut en perdre le goût. Et Alain – par espèce de contrecoup, de provocation même peut-être –, dans ce texte magnifique, entreprend de montrer que le bonheur peut être retrouvé dans le fait même de la vie, parce que la vie en soi est bonne. Elle n'est pas bonne parce qu'on pourrait y trouver quelque chose d'autre :

« La vie est bonne par-dessus tout ; elle est bonne par elle-même ; le raisonnement n'y fait rien. On n'est pas heureux par voyage, succès, plaisir. Non, on est heureux parce qu'on est heureux. Le bonheur, c'est la saveur même de la vie. Comme la fraise a goût de fraise, ainsi la vie a goût de bonheur. Le soleil est bon ; la pluie est bonne ; tout bruit est musique. (…) Pensez qu'une couleur est une joie pour les yeux. Agir est une joie. Percevoir est une joie aussi, et c'est la même. Nous ne sommes point condamnés à vivre ;

nous vivons avidement. Nous voulons voir, toucher, juger ; nous voulons déplier le monde. Tout vivant est comme un promeneur du matin. »

Et Alain – encore une fois dans le moment le plus douloureux, face au mystère tragique du suicide – écrit que ce que nous devrions redécouvrir, c'est ce bonheur qui tient au pur acte d'exister, à la vie nue, au simple fait de vivre. Et nous connaissons ce bonheur, au point que lui seul nous fait tenir, d'une certaine manière.

« Même les peines, même la fatigue, même les épreuves, tout cela a encore une saveur de bonheur, parce que tout cela a encore une saveur de vie. Exister est bon ; non pas meilleur qu'autre chose ; parce qu'exister est tout, et ne pas exister n'est rien. S'il n'en était pas ainsi, aucun vivant ne naîtrait, aucun vivant ne durerait. »

Vivre, écrit Alain pour conclure, ce n'est pas une fatalité que nous subissons. C'est un bien en soi, auquel nous tenons.

« Vivre, c'est vouloir vivre. Voir, c'est vouloir voir. Toute vie est un chant d'allégresse. »

Il y a dans le fait même de vivre quelque chose dont nous devrions retrouver l'infinie saveur.

« Une couleur est une joie pour les yeux. » Et si nous réussissons à retrouver cela, alors nous retrouverons ce pur bonheur d'exister, le fait que dans la vie même, il y a déjà en soi un bonheur ; ce qui fait d'ailleurs qu'avec tant de persévérance, avec un courage qui force l'admiration, les êtres humains sont parfois capables d'endurer les pires souffrances, les pires difficultés pour simplement continuer à vivre.

Vous connaissez peut-être cette histoire racontée par La Fontaine, qui relate une rencontre tout à fait surprenante entre la Mort et le Bûcheron :

« Un pauvre Bûcheron tout couvert de ramée[1],
Sous le faix[2] du fagot aussi bien que des ans
Tentait de regagner sa chaumine[3] enfumée [et comme je n'avais pas prévu de vous en parler, j'ai un trou de mémoire subit !]
Soudain, n'en pouvant plus de crainte et de malheur,
Il met bas son fagot, il pense à son malheur :
Quel plaisir a-t-il eu depuis qu'il est au monde ? [alors il pense à tous ses malheurs]
Ses huissiers, les impôts, sa femme, ses enfants
Lui font d'un malheureux la peinture achevée.
Il appelle la Mort ; elle vient sans tarder [ça c'est La Fontaine tout craché],
Lui demande ce qu'il faut faire.
"C'est, dit-il, afin de m'aider
À recharger ce bois ; tu ne tarderas guère."

1. Ramée : ensemble des branches feuillues d'un arbre.
2. Faix : fardeau.
3. Chaumine : chaumière misérable

Le trépas vient tout guérir;
Mais ne bougeons d'où nous sommes:
Plutôt souffrir que mourir,
C'est la devise des hommes. »

Dans cette fable, le poète met en scène le réflexe que nous avons de nous plaindre de la vie au point d'en appeler à la mort. Mais quand la Mort arrive:

« Plutôt souffrir que mourir,
C'est la devise des hommes. »

Au fond nous savons que vivre est bon. Comme le dit Alain, nous savons que:

« Exister est bon; et non pas meilleur qu'autre chose; parce qu'exister est tout, et ne pas exister n'est rien. »

Alors le bonheur est peut-être d'abord une affaire de volonté. Peut-être faut-il accepter seulement de retrouver l'émerveillement que méritent nos vies, l'émerveillement que mérite le simple fait d'exister, qui a quelque chose d'inouï – et cet émerveillement est au fond tout le service que peut peut-être nous rendre la philosophie:

« Le propre du philosophe est de s'étonner », dit Aristote.

Or s'étonner, *thaumazein* en grec, c'est le même mot que s'émerveiller. Dans nos vies qui pourraient se laisser enliser par l'apparence de la banalité, par la répétition, par l'ennui, la philosophie nous montre qu'en réalité rien n'est évident, insignfiant ou ordinaire – et que tout mérite notre étonnement, parce que tout est curieux, singulier, et d'une certaine manière aussi, merveilleux. S'étonner, c'est s'émerveiller, c'est redécouvrir que le monde n'est pas plat, qu'il n'est pas sans relief, que la moindre chose peut devenir une occasion de contemplation. Cette intuition, qu'Alain esquisse dans les *Propos d'un Normand*, nous reconduit à une philosophie de l'Antiquité : l'épicurisme.

Épicure pouvait être décrit comme l'un de ces philosophes qui ont tenté de dire le pur bonheur d'exister. Nous avons parfois d'Épicure une image déformée, parce que ses contradicteurs ont donné de lui l'idée d'un philosophe enfermé dans la dictature du plaisir ; mais il y a en réalité bien autre chose que cela chez lui. Dans la *Lettre à Ménécée*, Épicure veut nous dire que le bonheur peut se trouver simplement dans nos retrouvailles avec la vie. Mais renouer avec la vie, avec le présent, suppose une guérison dont nous avons tous besoin, le fait de se libérer de nos peurs.

Nous passons notre temps à craindre, à redouter, à trembler. Et de quoi avons-nous peur ? Eh bien, nous avons d'abord peur des dieux, dit Épicure ; pour le dire plus largement : peur de tout ce qui pourrait faire irruption dans nos vies et que nous ne maîtriserions pas. Et puis nous avons bien sûr peur, absolument, de la mort. Nous avons peur de la mort parce que nous savons que nous sommes mortels. Et nous savons que la mort un jour atteindra notre vie. Cette pensée seule, comme nous l'avons déjà dit, peut suffire à décolorer la vie, à lui faire perdre son sens. Et pourtant, dit Épicure, si vous y regardez bien, il est inutile de se préoccuper de demain. Si les dieux existent, nous dit la *Lettre à Ménécée*, ils sont des dieux, pourquoi alors en avoir peur ? Car si les dieux sont des dieux, ils sont parfaits. Ils possèdent absolument tout ce dont ils ont besoin. Pourquoi viendraient-ils se préoccuper de nous ? Il y a certainement des dieux, dit Épicure, mais les dieux n'ont absolument rien à voir avec nous puisque, étant des dieux, il ne peut rien leur manquer. Que viendraient-ils alors nous prendre ? Ils ne peuvent qu'être absolument satisfaits de leur propre existence. Et par conséquent, nous n'avons pas à les redouter ; pourquoi viendraient-ils faire irruption dans nos vies ? Quant à la mort, elle non plus, contre toute apparence, ne viendra jamais faire irruption dans nos vies. Vous ne rencontrerez jamais la mort. Je veux dire par là : votre mort, vous ne la rencontrerez jamais. Parce que par définition, tant que vous êtes vivant elle n'est pas là. Et quand elle viendra, vous serez mort, et c'est donc vous qui ne serez plus là. Par conséquent, vous ne la croiserez jamais. Il nous est impossible de la rencontrer : Épicure en déduit que « la mort n'est rien pour nous ». Votre mort n'est littéralement, absolument, rien. Vous ne la verrez jamais, vous ne la toucherez jamais du doigt, vous n'en ferez jamais l'expérience. Pourquoi avoir peur de quelque chose que vous ne croiserez jamais ? Un jour la mort viendra, et vous serez parti. Mais pour l'instant vous êtes là et par conséquent elle n'est pas.

Et il faut donc dès aujourd'hui, plutôt que de vous perdre dans ces inquiétudes de l'avenir, vous préoccuper de ce qui doit être saisi dans le jour présent, de ce qui doit être – comme le dira le mot célèbre du poète Horace qui s'inspire d'Épicure – « cueilli » dans le jour présent. Il faut cueillir le jour d'aujourd'hui :

« *Carpe diem, quam minimum credula postero.* » Cueille le jour, et crois le moins possible au lendemain.

Comme le dit ce vers d'Horace, il faut se montrer, d'une certaine manière, incrédule à l'égard de l'avenir. L'avenir ne nous regarde pas. Le bonheur tient tout entier dans cette discipline du présent. Et cette discipline du présent, cette discipline de la vie, est une quête de la vie bonne. Alors oui, c'est vrai, pour Épicure le bonheur consiste à vivre le plus possible l'expérience du plaisir, en vivant le moins possible l'expérience de la douleur. Il n'est pas pour autant un hédoniste débridé qui nous pousserait à nous ruer vers tous les plaisirs possibles.

Non, il y a chez Épicure une forme de sagesse du plaisir, parce que les plus grands plaisirs se trouvent – si l'on revient à ce paradoxe de la satisfaction qu'on évoquait tout à l'heure – dans des biens infiniment simples. Quel est le plus grand plaisir, sinon celui, quand on a très soif, de boire un grand verre d'eau ? On peut trouver plus de plaisir à boire un grand verre d'eau fraîche pour étancher une soif intense, qu'à boire un grand cru millésimé quand on s'en est déjà lassé, vous voyez. Il y a quelque chose de très simple, au fond, dans la sagesse épicurienne : le commandement de cette simplicité qui nous pousse à retrouver dans la vie ordinaire, dans chaque instant ordinaire, ce qui mérite d'être estimé vraiment, ce qui mérite d'être pleinement vécu. À l'inverse, il y a des plaisirs sophistiqués et complexes, des plaisirs exagérés, qui peuvent nous coûter de la souffrance. Il y a des plaisirs qui, lorsqu'on en abuse, finissent par nous rendre malade ; c'est donc un mauvais calcul. Il y a chez Épicure une économie du bonheur, c'est-à-dire une économie de cette simplicité des plaisirs ordinaires, qui permet de s'épargner au maximum les douleurs de l'existence, pour pouvoir goûter pleinement chaque instant de la vie. C'est cela et ce n'est, d'une certaine manière, rien d'autre que cela, le bonheur – rien d'autre que le simple bonheur d'exister.

Il y a une autre raison de cultiver les plaisirs simples : c'est que si vous aimez boire de grands verres d'eau quand vous avez très soif, vous avez plus de chances de pouvoir éprouver facilement ce plaisir que si vous aimez boire un grand cru d'un millésime extrêmement rare. Et par conséquent, vous avez plus de chances de pouvoir vivre ce plaisir de façon libre, quand vous voudrez le retrouver. Celui qui cherche les plaisirs dans une sophistication lointaine, celui-là se rend dépendant des autres, il se rend dépendant de sa position dans la société, de ses revenus, de sa fortune. Il se met à la merci du premier revers venu. Mais vous aurez beau perdre votre emploi, faire de mauvais investissements, vous trouver ruiné, vous pourrez toujours éprouver le bonheur de boire un grand verre d'eau fraîche au moment où vous aurez soif. Et vous êtes donc libre, absolument libre de goûter ce pur plaisir de l'existence qui ne cherche rien de plus, rien d'autre, rien de trop, qui ne cherche que la simplicité de l'expérience même que nous éprouvons, lorsque nous nous sentons vivre.

Ici se rejoignent deux finalités essentielles pour les Grecs. La première d'entre elles est l'autarcie, c'est-à-dire la liberté qui naît de l'indépendance. L'autarcie, c'est la situation d'une cité qui s'est organisée pour se suffire à elle-même, et ainsi pouvoir décider de son destin sans avoir à s'en remettre à une puissance extérieure. Épicure propose d'adopter la même distance, le même effort d'indépendance, dans la quête de notre bonheur : comme la cité vraiment libre est celle qui ne reçoit pas des autres de quoi combler ses besoins, l'homme vraiment sage ne fera pas dépendre son bonheur de ce qu'il ne saurait obtenir par lui-même. Épicure est l'un des premiers philosophes – et c'est sans doute l'une des raisons pour lesquelles il a été le plus critiqué, d'ailleurs – à avoir incité ses disciples à renoncer à l'idéal de vie réussie que partageaient la Grèce et la Rome antiques, et notamment à l'idéal de l'engagement politique. Pour l'homme libre, dans la cité antique, il n'est pas de vie accomplie qui ne passe un jour par l'exigence d'une action publique, chemin vers la gloire et l'immortalité qu'elle offre dans la mémoire commune. Mais pour Épicure, choisir la politique, c'est jouer sa vie à la roulette russe, c'est mettre son bonheur dans le fait que les autres auront de vous une image plus ou moins bonne, dans la réputation qu'ils feront de vous et qui, pour une très large part, ne dépend pas du tout de vous. La politique, c'est le lieu du hasard, de la contingence, de l'aléa, c'est le lieu du fracas de l'histoire avec tout ce qu'il a d'accidentel. Non, si vous voulez être heureux, dit Épicure, il faut seulement cultiver votre jardin ; et cela, personne ne pourra vous en empêcher. Il suffit de vous retirer chez vous. L'école fondée par Épicure s'appelait justement « le jardin » : ce nom entretient l'intuition selon laquelle il faut quitter le fracas des cours pour se retirer au jardin – puisque nous sommes dans un théâtre, il est évidemment tout à fait à propos d'opposer cour et jardin –, quitter le monde public pour retrouver la vie intérieure. Cultiver son jardin, c'est être en un lieu où personne ne pourra vous empêcher de goûter cette joie toute simple qui est celle d'exister, et de voir le monde exister. L'autarcie est ainsi liée à cette seconde finalité essentielle qu'est l'ataraxie.

L'ataraxie, c'est l'absence de trouble. Et après tout, il n'en faut pas plus pour définir le bonheur. Épicure, là non plus, n'est pas un hédoniste forcené : pour lui, le plus important n'est pas tant de maximiser les plaisirs que de minimiser la souffrance. Ce que nous vivons avec le plus de peine, c'est l'expérience de la souffrance, de la souffrance physique, de la souffrance morale, l'expérience du trouble que nous endurons. Il faut donc nous en délivrer. Voilà ce que les Grecs appellent l'ataraxie : parvenir à l'absence de trouble, à la paix intérieure, à la paix de l'âme. C'est cela que nous pouvons viser. Et Épicure nous renvoie à cette question : si nous vivons vraiment en autarcie, si nous sommes vraiment indépendant, si nous avons gagné cette liberté, alors pourquoi attendre avant d'être heureux ? C'est maintenant qu'il faut se montrer sage ! Qu'est-ce qui peut bien nous empêcher de cultiver notre jardin, notre vie intérieure, de philosopher ? Retirons-nous au jardin, dit Épicure à ses disciples, et philosophons, c'est-à-dire faisons le choix du bonheur.

Écrivant à l'un de ses élève, Épicure ouvre sa *Lettre à Ménécée* par ces premières lignes :

« Quand on est jeune il ne faut pas repousser à plus loin le moment de philosopher, et quand on est vieux il ne faut pas se lasser de philosopher. Car jamais il n'est trop tôt ou trop tard pour travailler à la santé de l'âme. Or celui qui dit que l'heure de philosopher n'est pas encore arrivée ou qu'elle est passée pour lui, ressemble à un homme qui dirait que l'heure d'être heureux n'est pas encore venue pour lui ou bien qu'elle est déjà passée. Le plus jeune et le plus vieux doivent donc philosopher ensemble, celui-ci pour rajeunir au contact du bien, en se remémorant le meilleur de l'existence ; celui-là afin d'être, quoique jeune, tranquille comme un ancien en face de l'avenir. »

« Le plus jeune et le plus vieux doivent donc philosopher ensemble. » C'est maintenant qu'il faut s'y mettre. Si le bonheur se trouve dans cet émerveillement que la philosophie nous fait vivre, lorsque nous retrouvons le pur bonheur de l'existence, alors c'est maintenant qu'il faut philosopher. Il n'y a aucun moment où nous pourrions nous dire : c'est trop tôt, je suis trop jeune, non, ça viendra plus tard ! À aucun moment non plus nous ne pourrons nous dire : c'est passé, c'est trop tard, c'est derrière moi maintenant ! Celui qui dit qu'il est trop tôt ou trop tard pour philosopher, dit en substance qu'il est trop tôt ou trop tard pour être heureux. Or il n'est jamais ni trop tôt ni trop tard pour être heureux. Le moment pour être heureux, c'est maintenant. Le moment pour cultiver cet amour du réel, pour cultiver les joies simples de la vie, pour épargner à notre âme les troubles qu'elle traverse et pour devenir « tranquille comme un ancien en face de l'avenir », ce moment, c'est maintenant. D'où l'invitation d'Horace :

« *Carpe diem !* »

Cueille le jour ! Cette invitation que l'on a inscrite sur tant de cadrans solaires, sur tant de moyens de mesure du temps signifie que le temps passe, et qu'il faut saisir le présent. Qu'est-ce qu'on attend pour être heureux ? C'est maintenant qu'il faut choisir le bonheur. C'est maintenant. Et si nous ne l'avons pas suffisamment cultivé, si nous avons passé des années à nous plaindre, eh bien, c'est maintenant qu'il faut s'engager dans l'effort que constitue le bonheur qui nous attend. Il y a dans ce texte un aspect particulièrement touchant qui nous rappelle, au fond, l'expérience que nous vivons ce soir : toutes les générations sont réunies ici autour de la philosophie… « Le plus jeune et le plus vieux doivent philosopher ensemble. »

On retrouve ce même lien entre les générations dans l'œuvre de Sénèque, sur lequel je voudrais m'arrêter un instant avec vous. Sénèque n'est pas un épicurien, c'est un stoïcien ; et les stoïciens s'opposent souvent aux épicuriens. Mais, de fait, Sénèque tente de montrer qu'il y a du vrai partout ; et d'ailleurs, dans les *Lettres à Lucilius*, il a fait allusion à Épicure et répond par avance, à ceux qui lui reprocheraient de citer un tel auteur, que la vérité n'appartient à personne. Dans ces lettres, Sénèque, qui est déjà assez avancé dans son expérience aussi bien politique que philosophique, écrit à l'un de ses disciples beaucoup plus jeune que lui, qui s'appelle Lucilius. Il lui écrit de très nombreuses lettres – elles composent désormais une œuvre magnifique, très facile d'accès – qui constituent une somme de conseils animés par un véritable élan du cœur. Par ses écrits, Sénèque tente de réveiller chez son disciple le désir de consacrer sa vie à la recherche authentique et exigeante du bonheur. Il y a quelque chose d'infiniment touchant à entrer dans cette relation, à percevoir cette attention qui tient à celle d'un enseignant pour son élève, ou de parents pour leur enfant. Et ce sur quoi Lucilius ne cesse d'être exhorté, c'est sur le fait qu'il est nécessaire de consacrer chaque instant – maintenant ! – à cet effort sur soi-même, pour pouvoir devenir heureux.

Nous avons déjà parlé des grands principes du stoïcisme. Le stoïcisme partage avec l'épicurisme au moins une certitude fondamentale, même si elle ne se décline pas du tout de la même manière : pour le stoïcien comme pour l'épicurien, le bonheur dépend de nous. Nous ne devons pas attendre qu'une condition extérieure vienne faire notre bonheur, soit que, comme Épicure, on regarde la vie comme étant bonne par elle-même et que l'on s'oblige à goûter les plaisirs simples qu'elle présente, soit que, comme Épictète, mais aussi comme Marc Aurèle et toute la tradition stoïcienne, on s'oblige à considérer que « ce qui ne dépend pas de nous, ne peut être pour nous ni un bien, ni un mal. »[1]

Le bien, c'est ce qu'il faut poursuivre, et le mal, c'est ce qu'il faut éviter. Mais alors, si quelque chose ne peut pas être évité, ça ne peut pas être un mal ! Et si quelque chose ne peut pas être poursuivi, si on ne peut l'atteindre mais seulement l'attendre, ça ne peut pas être un bien. Cet effort intellectuel, cet effort intérieur pour distinguer ce qui dépend ou non de nous, c'est la condition du bonheur. Au fond, nous passons notre temps à nous plaindre comme des fous. Nous nous lamentons sur le fait que des choses qui doivent arriver vont arriver, que des choses

1. Épictète, *Manuel*.

qui sont arrivées ont eu lieu. Et ainsi, pour le stoïcien, nous nous faisons toujours souffrir nous-même. Tu es malade ; c'est un fait. Mais si en plus tu te plains d'être malade, tu es fou ! Parce que le fait que tu te plaignes ne va rien changer au fait que tu es malade. Arrête donc de te plaindre. Ne dis pas : c'est horrible, je suis malade ! Dis simplement : mon corps a mal ; mais pour moi, tout va bien. La maladie, étant un fait, ne peut être ni un bien ni un mal, elle est simplement quelque chose qui arrive et c'est tout. Vous allez mourir un jour. Ce n'est ni un bien ni un mal. À quoi peut bien servir de dire que la mort est terrible et tragique ? Voilà ce que nous pouvons changer, notre appréhension de la mort. Ce qui est inéluctable, c'est la mort, pas le fait d'avoir peur d'elle. Vous aurez beau vous plaindre toute votre vie, ça ne changera rien au fait que vous allez mourir un jour, alors au moins arrêtez de vous plaindre ! Il suffit d'admettre ce principe simple : si nous ne pouvons pas éviter la mort, la mort n'est pas un mal pour nous. Si nous ne pouvons pas devenir immortel, renonçons à regarder l'immortalité comme un bien. Le seul vrai bien est dans ce travail intérieur que nous pouvons faire pour ajuster nos représentations à la réalité du monde. Et alors, d'une certaine manière, tout nous deviendra propice ; rien n'arrivera qui puisse nous faire du mal, et nous serons invulnérable. Mais ceci suppose un effort immense, bien sûr.

Et Sénèque, tout au long de ses *Lettres à Lucilius,* ne cesse de rappeler son élève à la nécessité d'y travailler maintenant ! C'est maintenant qu'il faut s'efforcer de se transformer soi-même ; c'est maintenant qu'il faut travailler à convertir ses représentations, pour reprendre la maîtrise de soi. La réussite dans cette entreprise, c'est-à-dire le bonheur, tient d'abord à cette discipline du temps. Dans la Lettre I, Sénèque écrit :

« Si tu y regardes bien, la plus grande part de nos vies ordinairement se passe à mal faire, une autre grande part à ne rien faire, et le tout par conséquent à faire autre chose que ce qu'on devrait.

Persiste donc, ami, à faire ce que tu me dis : retrouve la maîtrise de toi-même, sois complètement maître de toutes tes heures. Tu dépendras moins de demain, si tu t'assures bien d'aujourd'hui. »

Pourquoi attendons-nous pour être heureux ? Parce que nous n'avons pas retrouvé cette maîtrise de nos propres représentations, qui fait la maîtrise de soi. Nous attendons d'être heureux parce que nous attendons ce qui pourrait nous arriver comme un bien ou un mal ; et par conséquent, nous confions notre vie à ce qui ne dépend pas de nous. Si vous dites : la maladie serait pour moi une catastrophe, vous confiez votre vie au hasard de l'existence. Si vous dites : la richesse serait pour moi le bonheur absolu, alors, puisque la richesse ne dépend pas seulement de vous, mais aussi des contingences de la vie, vous donnez à ces contingences un pouvoir absolu sur vous ! Vous n'êtes plus maître de vous-même, vous ne vous appartenez plus. Qu'est-ce qui fait que nous avons toujours peur pour demain ? Qu'est-ce qui fait que nous avons tant de désirs pour demain ? Pourquoi nous tournons-nous sans cesse vers l'avenir au lieu de penser au présent ? Pour reprendre les mots de Sénèque :

> « Veux-tu savoir ce qui rend les hommes avides de l'avenir ? C'est que pas un d'entre eux ne s'est appartenu. »

S'appartenir à soi-même. Retrouver cette autarcie qui fait que nous devenons indépendant des contingences du monde. Être une fois encore philosophe, voilà ce qui impose que nous puissions – maintenant – retrouver le sens de la valeur du temps. Redeviens maître de chaque heure : « Sois complètement maître de toutes tes heures. » On pourrait quasiment en faire une devise pour aujourd'hui, dans un monde marqué par la dispersion de notre attention, par une difficulté inédite à éprouver pleinement la présence d'un présent qui constitue pourtant le seul bien qu'on ne puisse jamais retrouver. Oui, on pourrait vraiment en faire une devise : « Sois complètement maître de toutes tes heures. » De fait, le grand drame serait de ne pas saisir dans nos vies la valeur de ce *maintenant*, la valeur de cet *aujourd'hui*, le seul moment qui soit disponible pour travailler à être heureux.

Cela a des implications très concrètes : la Lettre CXXII en donne un exemple assez amusant. Sans doute parce que son élève est plus jeune que lui et qu'il s'inquiète des frasques qui pourraient le tenter, Sénèque parle à Lucilius de la catastrophe que constitue le fait de se lever trop tard le matin.

« Malheur à celui qui sommeille lâchement quand le soleil est déjà haut, et dont le réveil commence à midi ! Et encore, pour beaucoup, il n'est même pas jour à cette heure-là. Certaines gens font du jour la nuit, et réciproquement : appesantis par l'orgie de la veille, leurs yeux ne commencent à s'ouvrir que quand l'ombre descend sur la terre. Tels que ces peuples placés, dit-on, par la nature sur un point du globe diamétralement opposé au nôtre, les hommes que je cite contrastent avec tous, non géographiquement, mais par le genre de vie : antipodes de Rome dans Rome même, ils n'ont, suivant le mot de Caton, "jamais vu du soleil ni le lever, ni le coucher". Penses-tu qu'ils sachent comment on doit vivre, ceux qui ignorent quand il faut vivre ? »

Cette dernière phrase dit l'ampleur de l'enjeu. À travers cet exemple tout simple, et qui a quelque chose d'amusant, la question qui est posée est celle du temps opportun – de cette discipline du temps. Quand faut-il vivre ? Mais c'est maintenant ! Au fond, la question du comment est même moins importante. Et tout ce que nous aurons appris de la philosophie ne servirait absolument à rien, si nous ne savions pas que c'est maintenant qu'il faut le mettre en application. À quoi sert de faire des plans pour savoir comment il faut vivre, si on ne sait pas quand s'y mettre ? Et ce *quand*, bien sûr, désigne le *maintenant* dans lequel nous sommes. Il y a, dit Sénèque en substance, un temps pour tout fixé par la nature : il y a la nuit pour dormir et pour se reposer, mais il y a le jour pour vivre, pour agir, pour penser, pour se réformer, pour philosopher. Nous pouvons, comme le dit Sénèque un peu plus loin, « conquérir des heures pour nos jours sur nos nuits », et gagner ainsi plus de temps utile et fécond. Mais même sans faire cet effort, il y a malgré tout dans la nature du monde, à travers la simple lumière du jour par exemple, quelque chose qui nous indique qu'il est temps de vivre et d'agir. Cette lumière qui se déverse sur le monde, c'est chaque jour un appel au réveil et à la vie. Sénèque ironise sur ces hommes qui, en vivant la nuit plutôt que le jour, sont prêts à dépenser beaucoup d'argent pour payer des bougies alors que le soleil est gratuit. Il y a quelque chose d'absurde, au fond, dans le fait de ne pas vivre au bon moment, de ne pas savoir saisir l'instant. Même la passion de la fête est un abandon de la vie si elle consiste à déserter le présent de chaque journée. Et vous voyez que, de ce point de vue-là, l'épicurien et le stoïcien se rejoignent.

« Qu'ils passent leur vie dans leur nocturne existence ; et qu'ils la passent dans le vin, qu'ils consument leur veille en festins coupés de nombreux services : ils sont là non à des banquets, mais à leur repas d'enterrement. Et encore est-ce de jour qu'on rend d'habitude aux morts un pareil hommage.

Les journées, grands dieux ! sont-elles jamais trop longues pour l'homme occupé ? Sachons agrandir notre vie. Retranchons à nos nuits pour ajouter à nos jours. L'office, la manifestation de la vie, c'est l'action. L'oiseau qu'on élève pour nos tables, qu'on veut engraisser avec moins de peine, est maintenu dans l'ombre. Ainsi ces êtres qui se sont voués à la nuit ont le teint plus équivoque que la pâleur d'un malade : minés de langueur, exténués et blêmes. Cependant, le dirai-je ? c'est là le moindre de leurs maux : combien sont plus épaisses encore les ténèbres de leur âme ! Eut-on jamais des yeux pour ne s'en servir que la nuit ?

Ne violent-ils pas ces mêmes lois, ceux qui demandent la rose en hiver, qui, au moyen d'eaux chaudes et de températures factices, arrachent à l'hiver le lis, cette fleur du printemps ? (...)

Dès qu'on a pris le parti de tout vouloir contrairement au rythme de la vie, on finit par un complet divorce avec elle. Le jour se lève ? c'est l'heure du sommeil. Tout dort ? prenons nos exercices : ma litière, mon dîner maintenant. L'aurore n'est pas loin ? il est temps de souper. N'allons pas faire comme le peuple : laissons le jour au vulgaire ; créons un matin pour nous, pour nous seuls.

En vérité, de tels hommes sont pour moi comme s'ils n'étaient même plus. Ainsi vivaient, nous nous en souvenons, une foule d'hommes du même temps, entre autres Atilius Buta, ancien préteur. Après avoir mangé un patrimoine énorme, il expliqua sa détresse à Tibère qui lui répondit : "Tu t'es réveillé trop tard." »

Et suit, tout le cours de la lettre, une sorte de longue ironie contre ce malheureux Buta, qui en prend vraiment pour son grade, et dont Sénèque se moque violemment : « Tu t'es réveillé trop tard. » Voilà, exprimé d'une autre manière, ce que nous avons déjà décrit comme la seule catastrophe possible de l'existence – devoir se dire un jour : « Tu t'es réveillé trop tard. » Et ce à quoi nous exhorte Sénèque, c'est d'abord à cette réconciliation avec le présent, avec le moment présent – quel qu'il soit, car il n'y a pas de mauvais moment pour se consacrer à travailler sur soi-même.

C'est ce que nous montre une dernière lettre, très touchante elle aussi, la Lettre XII, sur la vieillesse. Sénèque est âgé, et il en a parfaitement conscience. Elle débute ainsi :

> « De quelque côté que je me tourne, tout ce que je vois me démontre que je suis vieux. J'étais allé à ma campagne, près de la ville, et je me plaignais des dépenses qu'entraînait le délabrement de ma maison. Le fermier me dit qu'il n'y avait pas de négligence de sa part, qu'il faisait tout ce qu'il pouvait, mais que le bâtiment était vieux. – Ce bâtiment s'est élevé sous ma main ! que vais-je devenir, moi, si des murs de mon âge tombent déjà en poudre ? (…)
>
> Je dois à ma campagne d'avoir vu de tous côtés ma vieillesse m'apparaître. »

Et Sénèque raconte alors qu'il en conçoit une forme d'amertume : il s'irrite contre ce fermier qui lui rappelle, sans le vouloir, qu'il est devenu vraiment vieux, en constatant que c'est le temps qui fait maintenant s'effondrer la maison qu'il avait construite. Et partout autour de lui, Sénèque trouve exactement les mêmes signes. Il croise un homme d'âge avancé, qui commence à perdre ses dents, et qui lui dit : vous vous rappelez, vous m'avez connu quand j'étais tout petit ! Et Sénèque de s'emporter : mais c'est insupportable, voyons ! Comment ça, je l'ai connu tout petit ? Il est très vieux ce monsieur[1] ! Et d'un seul coup, il se rend compte qu'il est en train de vieillir. Au début, il en conçoit une forme d'amertume ; puis peu à peu, en s'efforçant sur lui-même, cette expérience renouvelle en lui la gratitude qu'il faut avoir à l'égard de la vie, dans chacun de ses moments.

« [Je vois] de tous côtés ma vieillesse m'apparaître. Faisons-lui bon accueil et aimons-la : elle est pleine de douceurs pour qui sait en user. Les fruits ont plus de saveur quand ils sont déjà bien mûrs ; l'enfance n'a tout son éclat qu'au moment où elle finit ; pour les buveurs, la dernière rasade est la bonne, c'est le coup qui les noie, qui rend l'ivresse parfaite. Ce qu'a de plus piquant toute volupté, elle le garde pour l'instant final. Qu'il est doux d'avoir lassé les passions, de les avoir laissées en route ! »

Et Sénèque montre à quel point la vieillesse peut être, elle aussi, un temps pour être heureux, un temps où il n'y a précisément plus rien à attendre du tumulte des impatiences de la jeunesse : « Qu'il est doux d'avoir lassé les passions ! » Les passions sont justement ce qui nous fait toujours attendre autre chose – la passion du pouvoir, de l'argent, la passion amoureuse ; tout cela, toujours, nous rend « avide de l'avenir », comme le dit

1. « – Vous ne me reconnaissez pas ? dit l'autre. Je suis Felicio, à qui vous apportiez des jouets. Je suis le fils de Philositus, votre fermier ; j'étais votre petit favori. – Le bonhomme radote complètement. Ce poupon-là, mon petit favori ! Au fait, il pourra l'être : voilà que les dents lui tombent. »

Sénèque dans la Lettre XII. Et maintenant que nous sommes arrivés au seuil de la vieillesse, qu'il est doux de ne plus rien attendre de l'avenir, « d'avoir lassé les passions, de les avoir laissées en route ! ». D'une certaine façon, il faudrait trouver ce goût de la vie chaque jour, comme si chaque jour était le dernier. Et s'exercer à cela dès la jeunesse bien sûr, puisque comme le dit Sénèque, « la mort ne nous prend pas par rang d'âge ». Il faudrait mesurer dès la jeunesse la véritable valeur du temps, du présent – c'est-à-dire ne plus attendre ; mais sans doute celui qui vieillit mesure plus encore ce que vaut chaque jour qui vient.

Et Sénèque conclut cette lettre sur la vieillesse en évoquant la figure singulière d'un vieillard nommé Pacuvius, un homme de grande noblesse et surtout de grande fortune, qui organisait ses propres funérailles et les mettait en scène à travers d'immenses banquets. Mais il était toujours vivant, et se faisait porter sur un lit au milieu de son enterrement. Et tout le monde chantait :

« "Il a vécu ! il a bien vécu !" Il s'enterrait, cet homme, tous les jours. Ce qu'il faisait par dépravation, faisons-le dans un bon esprit ; et, en nous livrant au sommeil tous les soirs, disons, satisfaits et joyeux :

J'ai vécu, jusqu'au bout j'ai suivi le chemin que m'offrait le destin.

Si Dieu nous accorde un lendemain, nous serons heureux de le recevoir. On jouit pleinement et avec sécurité de soi-même, quand on attend le lendemain sans inquiétude. Qui dit le soir : "J'ai vécu", peut dire le matin : "Je gagne encore une journée." »

Vous voyez, une convergence surprenante s'opère entre des moments très différents de l'histoire de la philosophie, pour nous rappeler que le bonheur exige d'abord que nous retrouvions le présent, que nous cessions de remettre l'essentiel à plus tard, que nous décidions de vivre aujourd'hui. Bien sûr nous avons des projets, nous faisons des plans, nous nous projetons dans l'avenir. Sénèque, contrairement à Épicure, a été un homme public, et il a connu le souci des affaires publiques, il n'a pas simplement choisi de se retirer dans son jardin pour cueillir l'instant. Mais il y a même dans nos projets, même dans nos plans pour l'avenir, un devoir de nous appartenir à nous-mêmes, de ne pas faire dépendre nos vies de demain. Ce soir nous devrions pouvoir dire pour aujourd'hui : « J'ai vécu, j'ai bien vécu », et s'il y a un lendemain : « Je gagne encore une journée. » Que pourrions-nous bien attendre d'autre pour être heureux ? Peut-être le bonheur consiste-t-il dans le fait d'arrêter d'attendre et de cultiver *maintenant* le bonheur, au lieu de l'imaginer pour plus tard. Ainsi, encore une fois, échapperons-nous à la contingence, à tout ce qui nous aliène aux aléas de l'existence.

« Rien de plus misérable que ce doute : les événements qui approchent, quelle issue auront-ils ? Combien me reste-t-il de vie, et quelle sorte de vie ? Voilà ce qui agite de terreurs sans fin l'âme qui ne se recueille jamais. Quel moyen avons-nous d'échapper à ces tourmentes ? Un seul : ne pas lancer notre existence en avant, mais la ramener sur elle-même. Si l'avenir tient en suspens tout mon être, c'est que je ne fais rien du présent. (…)

Hâte-toi donc de vivre, cher Lucilius, et compte que chaque jour est comme une vie entière. »

« Chaque jour est comme une vie » : la belle formule de Sénèque, au fond, trouve sa signification profonde dans cette réconciliation avec le jour présent. Il ne s'agit pas de ne pas faire de plan, de ne pas penser à l'avenir, de ne pas travailler pour demain, de ne pas travailler pour les autres, mais de ne pas dépendre seulement de l'avenir. Si tout dans nos vies dépend de l'avenir, c'est que nous ne faisons rien du présent. « Hâte-toi donc de vivre, cher Lucilius ! » Évidemment, tout ceci ne se gagne pas immédiatement ! La rupture avec cette suspension que nous éprouvons tous à l'endroit de l'avenir, cette rupture se fait paradoxalement attendre. Il y a quelque chose en elle qui est suspendu au futur. Sénèque écrit encore :

« Quand verras-tu l'heureux temps où tu sentiras que le temps ne t'importe plus, tranquille et sans trouble ? »

Curieusement, il faut se hâter de vivre ; parce que vivre est quelque chose que nous n'avons pas encore vraiment accompli, qui n'est pas encore pour nous absolument présent. Il faut encore faire effort sur nous-même. Et cet effort s'appelle la philosophie – et pour Sénèque, bien sûr, la philosophie stoïcienne.

De façon très curieuse, oui, nous pouvons dire que nous attendons ce temps où le temps ne sera plus pour nous un sujet d'inquiétude permanente, où nous pourrons vraiment vivre absolument de ce présent qui donne à l'attente de l'avenir, au souvenir du passé, leur pleine signification. Mais il nous faut travailler pour y parvenir, et ce travail prend du temps. Voilà ce qui peut sembler étonnant. Celui qui nous éclaire sur ce point, c'est un philosophe que nous avons déjà souvent croisé, et que vous connaissez donc bien : Aristote nous dit, vous vous en souvenez, que le bien est ce qui concourt à notre bonheur. Qu'est-ce qu'être heureux ? demande Aristote. Être heureux, c'est être accompli, c'est avoir accompli ses facultés ; être heureux, c'est être achevé dans son être. Il y a en nous bien des choses qui sont encore seulement à l'état de potentiel, de potentialité, seulement à l'état de ce qu'Aristote appelle « puissance » ; des talents que nous pourrions développer, des savoirs que nous pourrions cultiver, des œuvres que nous pourrions accomplir. Il y a parmi vous ici beaucoup de talents « en puissance » qui ne sont pas encore accomplis. Et que sera pour nous le bonheur ? Le bonheur viendra le jour où nous aurons réalisé ce qui n'est encore en nous que potentiel, que « puissance », dirait Aristote ; le jour où nous aurons achevé pleinement d'être ce que nous sommes, où nous ne ferons d'une certaine manière plus qu'un seul avec nous-même, où nous serons complètement nous-même : simple. Eh bien pour devenir vraiment soi-même, il faut encore faire un long chemin, dit Aristote. Pour accomplir ce que nous sommes, il faut encore travailler beaucoup sur soi-même. C'est là l'objet central de la vie éthique. Car ce que nous appelons la vertu, ce que nous appelons le bien, c'est tout ce qui nous fait devenir vraiment nous-même, ce qui fait devenir tout homme plus humain, et chaque personne plus accomplie dans sa liberté singulière. Et cela suppose du temps.

Prenons l'exemple d'un étudiant en médecine : peut-être est-il un excellent médecin « en puissance », peut-être même a-t-il en lui un génie absolu pour la médecine ! Mais quand il est encore étudiant, au tout début de son apprentissage, il n'est pas encore pleinement, « en acte », le médecin qu'il peut devenir. Il va falloir qu'il travaille et qu'il y passe beaucoup de temps. Le grand paradoxe de nos vies, c'est que, pour devenir ce que nous sommes, il nous faut du temps. Cela ne se fait pas de manière immédiate. Il n'y a pas d'homme qui se soit fait tout seul, tout de suite, à partir de rien. Devenir vraiment soi-même suppose de cultiver en soi ce qui est le plus essentiel à notre être, et qui pourtant n'est pas encore pleinement achevé. Et ce jeune étudiant en médecine sera peut-être demain un extraordinaire médecin, peut-être même le plus talentueux de sa génération ! Mais il faudra du temps. Et tout ce qui le conduira à devenir cet excellent médecin, c'est ce qu'on appelle la vertu. La vertu d'un étudiant, c'est ce qui fait qu'il étudie bien, qu'il travaille bien, qu'il est sérieux ; et c'est ce qui fait que les talents dont il est capable peuvent s'accomplir pleinement. La vertu d'un médecin, c'est sa rigueur, son sérieux, son engagement, c'est sa connaissance, c'est son expérience. Tout cela fait d'un médecin un bon médecin. Tout cela fait qu'un médecin est accompli dans sa fonction, qu'il est pleinement médecin, c'est-à-dire qu'il fait complètement ce qu'il a à faire, et que quand vous allez le voir il vous guérit. Un mauvais médecin, c'est celui à qui ces vertus font défaut, à qui manque l'essentiel, et dont les défauts font qu'il n'accomplit pas sa fonction : quand vous allez le voir, eh bien il ne vous guérit pas, et même peut-être il vous tue ! Le bon médecin est celui qui vous sauve. Mais pour être un bon médecin, il ne faut pas seulement des connaissances et du talent, il faut aussi du temps.

Aristote est sans doute le philosophe qui a le plus et le mieux pris en compte cette épaisseur du temps. Cela n'a rien d'une évidence, parce que le problème de la philosophie, c'est que notre intelligence abstraite voudrait ramener tous les problèmes à l'immédiateté d'un calcul. Si j'ai a + b + c, j'ai la somme de tout cela, et le problème est résolu. Mais la vie humaine est bien différente. Elle implique mystérieusement ce facteur irréductible qu'est le temps. Vous pouvez avoir tous les talents, encore faut-il qu'ils mûrissent. Vous pouvez avoir à l'esprit tous les paramètres pour prendre une grande décision, encore faut-il du temps pour qu'elle fasse son chemin en vous. Vous pouvez avoir tout appris, encore faut-il que l'expérience vienne petit à petit vous permettre de rencontrer le réel dans sa complexité, pour le percevoir d'une façon vraiment juste. Et l'expérience, eh bien, on n'y coupe pas, ça prend du temps. La vertu, dit Aristote, c'est une affaire d'expérience, c'est une affaire d'habitude. Quand il s'agit de vertu, il n'est pas suffisant de savoir ; il faut encore l'exercice, la pratique. Être un bon médecin demande du temps, tout comme être un bon enseignant, un bon artiste, un bon chef d'entreprise. Accomplir les qualités qui sont déjà en nous, d'une certaine manière à l'état de potentialité, suppose ce temps de l'expérience. Ce temps est irréductible. Qu'est-ce qu'on attend pour être heureux ? Il faut avoir la patience d'y travailler ; comme pour tout ce qui est bon, le bonheur n'a rien d'immédiat.

Reprenons l'exemple de notre médecin : imaginons que vous soyez malade. Vous allez dans un cabinet médical. Il y a là deux médecins. L'un vient de finir ses études de médecine, il a fait dix ans d'université, il a lu tous les livres, il sait tout par cœur, mais il n'a jamais fait une piqûre de sa vie. L'autre a fait bien moins d'études, mais cela fait vingt ans qu'il pratique et qu'il apprend par l'expériencc. Lequel allez-vous voir ? Aristote répondra : c'est très simple, je vais voir celui qui a exercé longtemps. La théorie est très utile, bien sûr ; mais rien ne remplace le temps qui passe et l'expérience que ce temps dépose en nous petit à petit. Il faut du temps pour se faire la main – les manuels techniques n'y suffisent pas. De même, il faut du temps pour devenir sage – le savoir encyclopédique n'y suffit pas. Il faut du temps pour accomplir ses propres facultés, pour devenir vraiment ce que l'on est. Et toute notre intelligence rationnelle ne saurait réussir cela immédiatement, en faisant abstraction de la consistance du temps requis pour avancer jusqu'à nous-même.

Alors pour le médecin, la vertu est ce qui fait de lui qu'il est un bon médecin, c'est-à-dire qu'il guérit des patients ; le bon enseignant, qu'il fait grandir des élèves ; le bon journaliste, qu'il informe l'opinion publique. Mais pour nous tous en tant qu'êtres humains, qu'est-ce que le but de notre existence ? Eh bien le but de notre existence, c'est ce bien ultime qu'on appelle le bonheur. Et tout ce qu'on appelle vertu – du point de vue de la philosophie morale, c'est-à-dire des vertus que nous avons en commun, non pas en tant que nous sommes médecins, enseignants ou journalistes, mais en tant que nous sommes humains – c'est ce qui vient cultiver en nous notre capacité d'accomplir ce que nous sommes, et ainsi d'être heureux. Si le bonheur implique ces vertus, il faut admettre qu'il prend du temps, qu'il suppose un effort ; et que cet effort ne se fait pas en un seul jour. Il y a chez Aristote de quoi tempérer peut-être ce qu'avaient d'un peu inquiètant, paradoxalement, les promesses que nous avons croisées jusque-là, qui contribuaient toutes à nous faire croire que, si vous ne vous sentez pas complètement heureux tout de suite, maintenant, absolument, c'est que c'est un peu de votre faute parce que vous n'y arrivez pas.

Pour un stoïcien, si vous n'êtes pas complètement heureux maintenant, si vous souffrez, c'est de votre faute, parce que vous avez confondu les choses qui dépendent de vous et celles qui n'en dépendent pas. Vous vous souvenez, nous avions déjà donné cet exemple : si tu vois quelqu'un qui pleure pendant un enterrement, dit Épictète, l'un des grands penseurs du stoïcisme, dis-toi que c'est parce qu'il n'a pas encore conquis la sagesse ; s'il était sage, il saurait que la mort n'est pas un mal puisqu'elle est un fait inéluctable : elle arrive, simplement. Il n'y a aucune raison de pleurer ! Par conséquent, si vous êtes malheureux, c'est de votre faute. Et cela vaut pour tous les malheurs supposés qui viendraient de l'existence. « Quand tu vois quelqu'un qui pleure, soit parce qu'il est en deuil, soit parce que son fils est au loin, soit parce qu'il a perdu ce qu'il possédait, prends garde de te laisser emporter par l'idée que les accidents du dehors qui lui arrivent sont des maux. Rappelle-toi sur-le-champ que ce qui l'afflige ce n'est pas l'accident, qui n'en afflige pas d'autres que lui, mais le jugement qu'il porte sur cet accident[1]. »

Épicure ne cesse de nous rappeler que nous devons nous réconcilier avec le présent, et que si nous n'y parvenons pas, ce n'est pas à cause des choses extérieures, dont nous ne devrions rien attendre, mais seulement à cause de notre absence de sagesse, qui seule nous empêche d'être heureux en toutes circonstances.

« Toute vie est un chant d'allégresse », nous disait Alain.

1. Épictète, *Manuel*.

Ce bel acte d'espérance ne doit pas faire oublier que beaucoup, dans chacune de nos vies, est encore en attente de ce qui doit advenir, de ce qui doit s'accomplir. Ce qui est certain, en revanche, et que nous pouvons en retenir, c'est le fait que ce que nous attendons le plus ne dépend pas de circonstances extérieures à nous. Ce qu'il nous faut cultiver, c'est cet effort qui prend du temps, pour cheminer peu à peu et accomplir ce que nous sommes; et cela, nécessairement, suppose que la vie fasse son œuvre en nous. De telle sorte, dit Aristote, que c'est à la fin de sa vie qu'on a le plus de chances d'être heureux, parce que c'est quand le plus de temps a passé qu'on a le plus de chances de voir enfin mûri en nous ce qui méritait d'être perfectionné, d'être ajusté, d'être achevé. Le bonheur prend du temps. Et sans doute faut-il l'accepter. C'est à Aristote que nous devons, au cours de sa réflexion sur le bonheur, cette formule devenue proverbiale :

« Une seule hirondelle ne fait pas le printemps, pas plus qu'un seul jour de soleil ; de la même manière ce n'est ni un seul jour ni une courte période de temps qui peuvent rendre un homme heureux. »

Nous distinguons souvent le bonheur de la joie, ou du plaisir, en ce sens que le bonheur est un état qui dure. Et nous avons raison de faire du bonheur un état qui dure, à l'opposé du plaisir qui est l'affaire d'un instant. Mais si nous avons raison de proposer cette distinction, c'est parce que le bonheur n'est pas seulement un état, mais aussi un chemin qui dure, un effort qui prend du temps, un bien ultime qu'il nous faut peu à peu conquérir.

Ce que nous pouvons retenir du bref itinéraire de ce soir, c'est qu'il y a dans l'aujourd'hui un trésor inestimable ; non pas que l'aujourd'hui soit forcément l'occasion de vivre un bonheur parfait, absolu, achevé ; non pas que nous puissions dans le présent, tout de suite, immédiatement, trouver l'occasion d'une réconciliation avec le monde, qui nous comble absolument. Nous le voyons avec Aristote : il y a sans doute encore beaucoup à travailler, à changer, et d'effort à faire sur soi-même. Et cet effort prendra du temps. Mais c'est *maintenant* qu'il faut le commencer, c'est maintenant qu'il faut le vivre. Et de ce point de vue-là, oui, c'est vrai, peut-être n'y a-t-il pas d'autre moment possible pour nous engager complètement dans la voie de cette réflexion, de cette interrogation, de cette exploration émerveillée que nous avons partagée ensemble, que notre civilisation a appelée la philosophie, mais qui n'est que l'effort que nous faisons pour transformer notre regard sur le monde qui nous entoure, sur ceux qui sont autour de nous, et finalement sur nous-même. Faire ce chemin qui prend du temps, parce qu'il prend du temps, c'est toujours devoir le commencer *maintenant*.

Et ainsi nous pourrions conclure avec ce magnifique texte d'Épictète qui clôt le *Manuel*, un livre très court qui est comme une sorte d'abrégé de la philosophie stoïcienne. Dans les dernières lignes du *Manuel*, Épictète, après avoir prodigué tous ses enseignements, démontré les principes du stoïcisme et défini les règles que nous pouvons en retenir pour bien vivre, – conclut par ce sens de l'urgence particulière que constitue pour nous l'engagement dans cette transformation intérieure. Il ne suffit pas de tout connaître, de tout comprendre, quand bien même nous pourrions y parvenir un jour ; encore faut-il que nous fassions de ce que nous avons appris l'occasion d'une conversion au terme de laquelle se trouve, en réalité, le bonheur.

« Jusques à quand te jugeras-tu indigne des plus grandes choses, et te permettras-tu de blesser la droite raison ? Tu as reçu les commandements auxquels tu devais donner ton assentiment, et tu l'as donné ; quel maître attends-tu donc encore pour remettre ton progrès jusqu'à son arrivée ? Si tu te négliges, si tu t'amuses, si tu fais résolution sur résolution, si chaque jour tu marques un nouveau jour où tu t'amuseras de toi-même, il arrivera que tu persévéreras dans ton ignorance, et pendant ta vie et après ta mort. Commence donc dès maintenant [dès maintenant, commence donc dès maintenant] à te juger digne de vivre comme un homme, et comme un homme qui a déjà fait quelque progrès dans l'étude de la sagesse. »

Regardez l'exigence magnifique de ce texte ! « Commence donc dès maintenant. » Et d'une certaine manière, ce texte nous provoque parce qu'il nous est à tous adressé : « Commence donc dès maintenant à te juger digne de vivre comme un homme, et comme un homme qui a déjà fait quelque progrès dans l'étude de la sagesse. »

« S'il se présente à toi quelque chose d'agréable ou de pénible, de glorieux ou de honteux, de bon ou de mauvais, souviens-toi que le jour de la lutte est venu, que les jeux Olympiques sont ouverts, et que d'une seule action de courage ou de lâcheté dépendent ton salut ou ta perte, que tout ce qui te paraîtra beau et bon soit pour toi une loi inviolable.

C'est ainsi que Socrate est parvenu à la perfection, en faisant servir toutes choses à son progrès. Pour toi, bien que tu ne sois pas encore Socrate, tu dois pourtant vivre comme quelqu'un qui veut le devenir. »

# BIBLIOGRAPHIE

Je cite ici, pour pouvoir aller plus loin, quelques-uns des auteurs évoqués dans ces pages.

*Propos d'un normand*, Alain,
*Propos sur le bonheur*, Alain,
*Du mensonge à la violence*, Hannah Arendt,
*Le Normal et le Pathologique*, Georges Canguilhem
*De la guerre*, Carl von Clausewitz
*Belle du Seigneur*, Albert Cohen
*Esquisse d'un tableau historique des progrès de l'esprit humain*, Condorcet
*Considérations sur la marche des idées et des événements dans le monde moderne*, Cournot
*Lettre à Ménécée*, Epicure
*Manuel*, Epictète
*Mensonge romantique et vérité romanesque*, René Girard
*La Phénoménologie de l'esprit*, Hegel
*Leçons sur la philosophie de l'histoire*, Hegel

*De la nature*, Héraclite
*Le Léviathan*, Thomas Hobbes
*Napoléon II*, Victor Hugo
*Enquête sur l'entendement humain*, David Hume
*Discours sur les progrès successifs de l'esprit humain*, David Hume
*Idée d'une histoire universelle du point de vue cosmopolitique*, Emmanuel Kant
*Fables*, La Fontaine
*Le Prince*, Machiavel
*Manifeste du parti communiste*, Marx et Engels
*Préface pour un traité du vide*, Blaise Pascal
*Du côté de chez Swann*, Marcel Proust
Lettre à Robert Hooke d'Isaac Newton, 5 février 1675
*Les Jeux du désir*, Georg von Radkowski
*L'Amour et l'Occident*, Denis de Rougemont
*Rousseau juge de Jean-Jacques*, troisième dialogue, Jean-Jacques Rousseau
*Discours sur l'origine et les fondements de l'inégalité parmi les hommes*, Jean-Jacques Rousseau
*Lettres à Lucilius*, Sénèque
*Œuvres*, Turgot
*Le métier et la vocation de politique*, Max Weber

## *Remerciements*

Au moment de clore le premier ouvrage tiré de la belle aventure des Soirées de la Philo, qu'il me soit permis de remercier tous ceux qui l'ont rendu possible.

Merci, en premier lieu, à Christophe Bataille, Jean-Paul Enthoven, Olivier Nora, qui ont fait naître un livre de ces rencontres, ainsi qu'à toute l'équipe des éditions Grasset.

À toute l'équipe des Soirées de la Philo : Anne-Lise Chevalier, qui en aura été le pilier depuis dix ans, à Thaïs Leray, Matthieu Levivier, Bianca Palmeri, et bien sûr à tous ceux, si nombreux, qui se sont donnés sans compter pour relever ensemble cet incroyable défi chaque semaine. Il n'est pas possible de vous citer chacun ici, mais je ne doute pas que vous vous reconnaîtrez dans la fécondité de cette aventure partagée…

À Amélie, qui a suscité le projet des Soirées de la Philo ; à Marie Vogtensperger, qui a imaginé de les transcrire pour les partager d'une autre manière.

Et bien sûr, je voudrais dire mon infinie reconnaissance à vous tous qui, depuis dix ans, êtes venus au rendez-vous : nos rencontres du lundi soir, qui auront ponctué ma vie depuis dix ans, auront été pour moi un privilège sans cesse renouvelé, et je n'espère rien de mieux que d'avoir mérité, autant que j'en étais capable, votre attention magnifique, votre confiance, et votre fidélité.

*Les Soirées de la Philo se poursuivent au Théâtre Édouard VII à Paris ; elles sont également diffusées dans de nombreuses villes. Les conférences peuvent être suivies en vidéo et en podcast sur le site www.philia-asso.fr, ainsi que sur l'application smartphone Philia.*

TABLE

Cet ouvrage a été imprimé
par CPI Brodard & Taupin
pour le compte des éditions Grasset
à La Flèche (Sarthe)
en septembre 2023

Mise en pages Maury-Imprimeur

PAPIER À BASE DE
FIBRES CERTIFIÉES

*Grasset* s'engage pour
l'environnement en réduisant
l'empreinte carbone de ses livres
Celle de cet exemplaire est de
300 g éq. $CO_2$
Rendez-vous sur
www.grasset-durable.fr

N° d'édition : 22923 – N° d'impression : 3053866
Dépôt légal : octobre 2023
*Imprimé en France*